"十四五"普通高等教育本科部委级规划教材

U0747619

中学化学课程标准与教材分析

Zhongxue Huaxue Kecheng Biaozhun
Yu Jiaocai Fenxi

万莉 伍晓春 ◎ 主编

中国纺织出版社有限公司

内 容 提 要

本书共分为四章，对高中化学课程标准、义务教育化学课程标准的内容，以及高中化学必修课程中的概念原理和元素化合物的知识特点、教材编写特点、教学策略、教学实施等进行了详细解读。本书可作为化学专业《中学化学课程标准与教材分析》、化学学科教学专业《化学课程与教材研究》等课程的教材使用，也可作为中学化学教师的培训教材使用，以及作为基础教育化学教育研究人员的参考用书。

图书在版编目（CIP）数据

中学化学课程标准与教材分析／万莉，伍晓春主编
．--北京：中国纺织出版社有限公司，2023.10（2025.1重印）
"十四五"普通高等教育本科部委级规划教材
ISBN 978-7-5229-1182-3

Ⅰ．①中… Ⅱ．①万… ②伍… Ⅲ．①中学化学课—课程标准—高等学校—教材②中学化学课—教学研究—高等学校—教材 Ⅳ．①G633.82

中国国家版本馆 CIP 数据核字（2023）第 199864 号

责任编辑：闫 婷 责任校对：王花妮 责任印制：王艳丽

中国纺织出版社有限公司出版发行
地址：北京市朝阳区百子湾东里 A407 号楼 邮政编码：100124
销售电话：010—67004422 传真：010—87155801
http://www.c-textilep.com
中国纺织出版社天猫旗舰店
官方微博 http://weibo.com/2119887771
三河市宏盛印务有限公司印刷 各地新华书店经销
2023 年 10 月第 1 版 2025 年 1 月第 2 次印刷
开本：787×1092 1/16 印张：9.75
字数：227 千字 定价：58.00 元

凡购本书，如有缺页、倒页、脱页，由本社图书营销中心调换

前　　言

　　基础教育课程是国家意志和社会主义核心价值观的直接体现，承载着教育思想、教育目标和教育内容，在人才培养中发挥着核心作用。中学化学课程的设置是与社会政治、经济、生产及文化科学技术的发展密切联系的，我国的基础教育课程改革从未停歇。2000 年启动的基础教育课程改革确定了以培养和提高学生科学素养为主旨的中学理科课程体系，《义务教育化学课程标准》（2001 年版和 2011 年版）、《普通高中化学课程标准》（2003 年版）把培养和提高学生的"科学素养"作为化学课程改革的重要目标。2014 年，教育部启动了普通高中课程修订工作，围绕着立德树人和化学学科核心素养培养开展，中学化学课程主旨从科学素养转向核心素养，不仅是课程理念的转变，而且包括课程目标、课程结构、课程评价、教材编写的变化，理解这些变化才能更好地实现化学课程育人目标。素养为本的中学化学课程改革围绕着化学学科核心素养，明确了化学课程学习后应该培养的正确价值观、必备品格和关键能力，2019 年以来，围绕着化学学科核心素养落实、反映时代需求的普通高中各版本教材陆续出版，构建了具有中国特色的素养为本的中学化学课程体系和教材体系。

　　"中学化学课程标准与教材研究"是高等师范化学专业教师教育类核心课程，理解中学化学课程标准及教材分析处理能力是教师教学能力的核心组成部分，课程一方面立足于大学化学知识和教育学、心理学知识，另一方面为职前教师准备必需的学科教学知识。本课程与中学化学紧密相连，以中学化学课程标准、教材为研究对象，紧跟基础教育化学课程改革步伐，通过解析中学化学课程标准，弄清楚课程改革的必要性、方向、重点，全面了解中学化学课程体系特点。通过分析中学化学教科书，理解中学化学教材编排特点、知识结构、知识呈现特点、不同知识特点，通过中学化学课程标准解读、中学化学教材研究，熟悉中学化学教学内容和知识特点，丰富学科教学知识，提升学科教学能力，对提升师范生素质和缩短新手教师入职初期适应时间具有积极作用。

　　根据《教师教育课程标准（试行）》《中学教育专业师范生教师职业能力标准（试行）》对职前教师学科教学能力的要求，结合中学化学课程改革趋势，本书内容主要体现如下特点：

　　（1）创新性。2019 年，教育部印发《关于一流本科课程建设的实施意见》中，要求一流课程建设突出创新性。因此，在设计"中学化学课程标准与教材研究"的内容时，我们一直紧跟基础教育前沿，以《普通高中化学课程标准》（2017 年版 2020 年修订）、《义务教育化学课程标准》（2022 年版）、2019 年以来出版的各版本普通高中化学教材为主要研究对象，吸收国内外近几年教材研究和化学教育研究的成果，力求反映有关课程标准与教材研究内容的前沿性和时代性。

　　（2）科学性。对中学化学教材呈现特点开展研究时，需要一定的文本、图片、栏目分析理论做指导；对特定知识分析其呈现方式时，需要以相关理论为基础，例如，初中"化学变化"概念，需要依据概念的形成策略来理解教材的编写顺序。因此，在分析中学化学课程标准和教材时，坚持以立德树人为根本，根据化学学科知识特点，结合教材编写的"三序原则"，围绕化学学科核心素养，建构教材分析思维模型，力求内容科学严谨，具有可重复性。

（3）实践性。对中学化学课程标准和中学化学教材的研究，目的在于提升师范生教学实践能力，即课程标准解读能力、教材分析使用能力、教学实践能力、课程育人能力。因此，本书设计了大量的案例，通过具体案例的分析提升学习者的迁移能力。同时，每一章都设计了需要学习者独立完成的学习活动，内容分析过程中也伴随着大量的需要学生独立或合作完成的学习活动，培养学生解决中学化学教学实践问题的综合能力，提升初步开展教学研究的高阶思维，为职前教师入职后尽快成长为卓越教师提供支持。

本书适合本科化学师范类专业学生使用，也适合中学化学一线教师在开展中学化学课程标准与教材研究时做参考资料使用。

全书由四川师范大学万莉编写、四川师范大学伍晓春审稿，四川师范大学刘瑞、吉林师范大学高成、宜宾学院濮江、阿坝师范学院刘林等参与审稿、统稿工作，同时在编写过程中提出大量宝贵意见。江强、杨新佳、夏晓丽等也参与了本书的统稿工作，在此表示衷心感谢。

由于能力有限，书中难免存在错误或不妥之处，恳请读者批评、指正。

万 莉

2023 年 8 月 14 日

目　　录

资源总码

第一章 中学化学课程标准分析

学习目标：

(1) 理解基于化学学科核心素养发展的中学化学课程改革背景，形成正确的课程理念；

(2) 深刻理解化学学科核心素养与课程目标的关系，能解读化学学科核心素养内涵；

(3) 知道素养为本的中学化学课程改革重点及实施基本要求；

(4) 初步了解中学化学课程体系特点，了解普通高中化学课程内容各模块之间关系。

第一节 基于核心素养发展的中学化学课程改革

课程标准是国家人才培养质量在具体学科层面的具体体现，与所处时代息息相关，2013年，教育部启动了普通高中课程修订工作。修订后的中学化学课程标准深入总结 21 世纪以来我国中学化学课程改革的宝贵经验，充分借鉴国际理科课程改革的优秀成果，建立中学学生发展核心素养与化学课程教学的内在联系，基于化学学科本质凝练了化学学科核心素养，明确了学生学习该学科课程后应达成的正确价值观、必备品格和关键能力，化学学科核心素养是对基于科学素养培养的课程目标（知识与技能、过程与方法、情感态度与价值观）的整合。

【文献阅读】自主阅读文献《基于核心素养的课程标准研制：国际经验与启示》[1]，讨论：

(1) 什么是核心素养？与科学素养有何联系与区别？

(2) 从科学素养到核心素养经历了怎样的历程？

一、国际中学化学课程改革及其现状

(一) 科学素养

1. 科学素养内涵

科学素养 (scientific literacy) 就是借助普通教育科学类课程（包括物理、化学、生物等在内的理科）教学培养和提升的公民素质。普遍认为，具有科学素养的公民能更好地利用科学知识适应社会环境的变化，创造更美好的生活。科学素养作为国际科学教育的基本目标之一，20 世纪 60 年代以来，各国纷纷制定了以实现"科学素养"为宗旨的科学课程目标，我国也在 2000 年启动基于培养具有科学素养的公民的科学教育课程改革。

---

[1] 邵朝友，周文叶，崔允漷. 基于核心素养的课程标准研制：国际经验与启示 [J]. 全球教育展望，2015，44（8）：14-22，30.

对科学素养的内涵，各个国家的界定不尽相同。例如，经济与合作发展组织（OECD）认为，"科学素养是运用科学知识，确定问题和作出具体证据的结论，以便对自然世界和通过人类活动对自然世界的改变进行理解和作出决定的能力；科学素养还包括能够确认科学问题、使用证据、作出科学结论并就结论与他人进行交流的能力"❶。美国科学促进会在其"2061 计划"中描述的科学素养内涵包括 11 个要素：①在处理与他人和与环境的关系时，能够运用科学的概念、方法、技术和价值进行抉择；②认识到产生科学知识必须依赖探讨过程以及概念学说；③能够分辨科学证据和个人观点的不同；④能够证明事实和学说之间的关系；⑤能够认识科学和技术对促进人类福祉的功能和限度；⑥了解科学和社会的关系；⑦明白科学源于人类的视野，并理解科学知识的暂时性，当资料充分后，知识会改变；⑧因为拥有充分的知识和经验，能够赞赏别人的科学成就；⑨对世界充满乐观的态度，能够采用和科学相同的价值观；⑩能够使用科学和享受科学；⑪能够终身、持续探讨科学并增加其知识。❷ 我国对科学素养的认识主要涉及自然科学，较少关注社会科学。

国际社会对科学素养内涵的理解，一般都认可国际公众科学素养促进中心主任、美国芝加哥科学院副院长米勒（Jon D. Miller）教授的建议，公众的科学素养至少应该包括 3 方面内容：①认识和理解一定的科学术语和概念的能力；②对科学研究的一般过程和方法有所了解，具备科学的思维习惯，在日常生活中能够判断某种说法在什么条件下才有可能成立；③全面正确地理解科学技术对社会的广泛影响，能够对个人生活及社会生活中出现的科技问题做出合理的反应。现在许多国家公民科学素养的调查都按照 Jon D. Miller 模型进行问卷设计。

2. 基于科学素养构建课程目标

科学素养应用于理科课程的改革始于 20 世纪 50 年代，美国的理科教学所要实现的科学素养注重"概念性知识、科学的本性、科学的伦理"，这一时期的理科课程未能充分体现"科学与人文"内容。❸ 我国从 1996 年起加入国际公众科学素养调查行列，1997 年钟启泉提出理科课程应围绕着培养学生的科学素养来设计，课程单元目标一般包括 3 个维度：①知识理解的目标；②科学能力的目标；③科学态度的目标。

2001 年，教育部印发的《基础教育课程改革纲要（试行）》明确了实施基础教育课程改革培养发展学生科学素养。中学化学课程是科学教育的重要组成部分，课程设计应从培养学生科学素养的基本要求出发，从"知识与技能、过程与方法、情感态度与价值观"三个方面来体现化学课程对学生科学素养的要求，并据此设计中学化学课程目标。基于科学素养的内涵确立了中学化学课程的三维课程目标体系（图 1-1）。

（二）从科学素养走向全面发展的核心素养培养

1. 启动

OECD 于 1998 年启动了"素养的界定与遴选：理论与概念基础项目（definition and selection of competencies: theoretical and conceptual foundations）"，OECD 确立 3 类核心素养（key competency）：

---

❶ 中国科学技术协会，中国公众科学素养调查课题组 . 2001 年中国公众科学素养调查报告［M］. 北京：科学普及出版社，2002.

❷ 杨艳萍，肖云龙 . 论科学素养教育的德育价值［J］. 国家教育行政学院学报，2003（4）：73-74.

❸ 钟启泉 . 国外科学素养说与理科课程改革［J］. 比较教育研究，1997（1）：16-21.

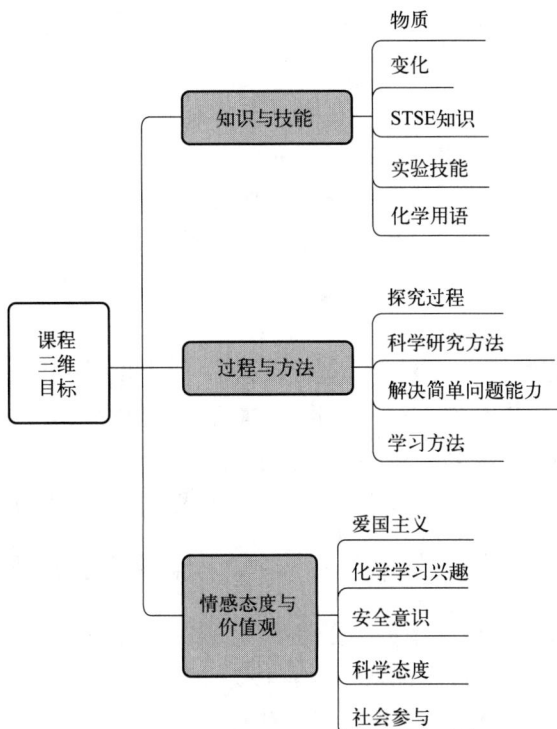

图 1-1　基于科学素养的中学化学课程三维目标体系

（1）交互使用工具的能力。

交互使用语言、符号和文本的能力；交互使用知识和信息的能力；交互使用技术的能力。

（2）在异质群体中有效互动的能力。

与他人建立良好关系的能力；合作能力；管理并化解冲突的能力。

（3）自主行动能力。

适应宏大情境的行动能力；形成并执行人生规划和个人项目的能力；维护权利、兴趣、范围和需要的能力。

2. 内涵

2002 年欧盟界定了核心素养的定义，认为"核心素养代表了一系列知识、技能和态度的结合，它们是可迁移的、多功能的，这些素养是每个人发展自我、融入社会及胜任工作所必需的；在完成义务教育时这些素养应得以具备，并为终身学习奠定基础"❶。2006 年欧盟提出了 8 大核心素养。❷

欧盟的"核心素养"内涵具有以下特点：①核心素养结果取向；②核心素养框架由学科素养和跨学科素养组成；③核心素养与相应的知识、技能和态度的联系紧密。❸

---

❶ Working Group B. The Key Competencies in a Knowledge-Based Economy：A First Step Towards Selection，Definition and Description ［EB/OL］.（2002-03-27）［2013-09-01］.

❷ The European Parliament and the Council of the European Union. Recommendation of the European Parliament and of the Council of 18 December 2006 on Key Competences for Lifelong Learning ［EB/OL］.（2006-12-30）［2013-09-01］.

❸ 张华. 论核心素养的内涵［J］. 全球教育展望，2016，4（45）：10-24.

美国提出的"21 世纪技能"相当于欧盟的"核心素养",其内涵包括 3 类:学习与创新技能,信息、媒介和技术技能,生活与生涯技能。[1]

世界不同国家、地区、国际组织和专业机构均根据各自需求和传统,厘定信息时代核心素养的内涵和框架,荷兰学者沃格特(Joke Voogt)等在对世界上著名的 8 个核心素养框架进行比较分析以后,得出如下结论:①所有框架共同倡导的核心素养是四个,即协作,交往,信息通信技术素养,社会和(或)文化技能、公民素养;②大多数框架倡导的核心素养是另外四个,即创造性、批判性思维、问题解决、开发高质量产品的能力或生产性。[2]

现阶段,各国在界定学科核心素养的基础上开发了以培养学生核心素养为主旨的教材。例如,芬兰在 2014 年基于核心素养课程标准《国家基础教育核心课程 2014》(*Nation core curriculum for basic education* 2014),将核心素养融入基础教育课程中。

【交流与研讨】核心素养提出的背景是什么?对课程改革有何启示?

二、国内中学化学课程改革现状——中学化学课程改革回溯

自 20 世纪 80 年代以来,世界化学课程改革的总目标均围绕着学生科学素养的培养。进入 21 世纪后,中学化学课程目标迈进以培养学生核心素养为宗旨的阶段。我国中学化学课程改革在 21 世纪后,为了适应社会主义建设和发展对人才素质的需要,也经历了从培养科学素养到核心素养的历程。

1. 第一阶段:2001~2014 年,以培养科学素养为主旨

2001 年,教育部印发《基础教育课程改革纲要(试行)》,把全面提升公民科学素养作为理科课程改革的出发点,并于 2001 年、2003 年分别颁布了《义务教育化学课程标准(实验)》《普通高中化学课程标准(实验)》(以下简称实验版课标),构建了"知识与技能、过程与方法、情感态度与价值观"三维课程目标。这一阶段课程体系的特点是:中学化学课程内容体系一致性、增强了课程的选择性、课程体系的动态性。

2011 年,发布了修订后的《义务教育化学课程标准(2011 年版)》,调整的内容有课程定位、课程理念、实验能力培养、课程内容、课程实施、教学评价等。

2. 第二阶段:2014 年至今,以发展化学学科核心素养为主旨

【思考与讨论】阅读《普通高中化学课程标准》(2017 年版 2020 年修订)的"前言",思考:为什么要进行课程改革?高中化学课程修订着眼点在哪里?

(1)中国学生发展核心素养。

中国学生发展核心素养,以科学性、时代性和民族性为基本原则,以培养"全面发展的人"为核心,分为文化基础、自主发展、社会参与 3 个方面。综合表现为人文底蕴、科学精神、学会学习、健康生活、实践创新、责任担当六大素养,具体细化为国家认同等 18 个基本要点。

---

[1] Skills. P F S C. Learning for the 21st Century:Areport and MILE Guide for 21st Centurg Skills [J]. Partenership for 21st Century skills,2003.

[2] Voogt,Roblin N. A comparative analysis of international frameworks for 21st century competences:Implications for national curriculum policies [J]. Journal of Curriculum Studies,2012,3(44):299-321,309.

【资料分析】图1-2是中国学生发展核心素养,有几个维度?中国学生发展核心素养与化学学科核心素养有何关系?化学课程可以为中国学生发展核心素养提供哪些学科价值?

(2)高中化学学科核心素养。

高中化学学科核心素养是"中国学生发展核心素养"的重要组成部分,是学生综合素质的具体体现,反映了社会主义核心价值观下化学学科育人的基本要求,全面展现了

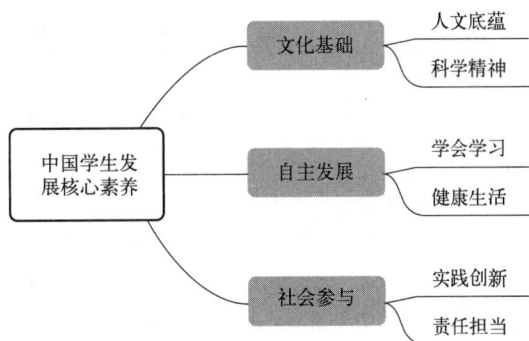

图1-2 中国学生发展核心素养框架

化学课程学习对学生未来发展的重要价值。高中化学学科核心素养包括"宏观辨识与微观探析""变化观念与平衡思想""证据推理与模型认知""科学探究与创新意识""科学态度与社会责任"5个方面,是学生通过化学课程学习后逐步形成的适应其终身发展和社会发展所需要的正确价值观、必备品格和关键能力(表1-1)。

表1-1 普通高中化学学科核心素养框架❶

素养维度	内涵	关系
素养1:宏观辨识与微观探析	从宏观和微观不同层次认识物质的类别及其结构、性质、变化;运用物质性质解决问题	知识与技能、过程与方法:化学学科的思想和方法
素养2:变化观念与平衡思想	形成变化观、能量观;认识化学变化的速率、限度、可控性;运用化学反应原理解决问题	
素养3:证据推理与模型认知	具备证据意识,能基于证据分析推理,建立观点、证据、结论的关系;建立物质结构、性质认知模型,运用模型解决问题	
素养4:科学探究与创新意识	认识科学探究的意义,能根据探究目的开展探究活动;培养创新意识	过程与方法:实践创新
素养5:科学态度与社会责任	具备安全意识;严谨求实的科学态度;认识化学科学价值;形成节约资源、保护环境可持续发展意识;参与社会实践活动	情感态度与价值观:价值追求

高中化学学科核心素养是化学课程育人价值的集中体现,是学生通过高中三年化学课程学习后逐步形成的正确价值观、必备品格和关键能力,不是一蹴而就的。因此,深刻理解化学学科核心素养及内涵,还需要关注化学学科核心素养的发展水平及其路径。模型认知素养水平及其进阶路径如表1-2所示。

---

❶ 中华人民共和国教育部.普通高中化学课程标准(2017年版)[M].北京:人民教育出版社,2018.

表 1-2　模型认知素养水平及其进阶路径

模型认知素养	模型认知素养水平	进阶路径
知道可以通过分析、推理等方法认识研究对象的本质特征、构成要素及其相互关系，建立认知模型，并能运用模型解释化学现象，揭示现象的本质和规律	水平 1：能识别化学中常见的物质模型和化学反应的理论模型，能将化学事实和理论模型之间进行关联和合理匹配	记忆、识别模型
	水平 2：能理解、描述和表示化学中常见的认知模型，指出模型表示的具体含义，运用理论模型解释或推测物质的组成、结构、性质和变化	理解、简单应用
	水平 3：能认识物质及其变化的理论模型和研究对象之间的异同，能对模型和原型的关系进行评价以改进模型；能说明模型使用的条件和适用范围	鉴别和改进
	水平 4：能对复杂的化学问题情境中的关键要素进行分析以建构相应的模型，能选择不同模型综合解释或解决复杂的化学问题；能指出模型的局限性，探寻模型优化需要的证据	根据问题建构新模型

（3）义务教育化学学科核心素养。

【文本分析】阅读《义务教育化学课程标准》（2022 年版）的"化学学科核心素养"，对比分析义务教育化学学科核心素养和普通高中化学学科核心素养的内涵联系、异同点。

义务教育化学课程对核心素养的要求，既重视与小学科学课程和高中化学课程的衔接，也重视与义务教育阶段其他课程的关联。义务教育化学课程既强调化学领域和课程领域的科学素养，又反映未来公民必备的共通性素养，倡导学会学习、创新实践、合作沟通等能力，学科核心素养包括化学观念、科学思维、科学探究与实践、科学态度与责任 4 个方面。义务教育化学学科核心素养是学科育人价值的集中体现，是《中国学生发展核心素养》在义务教育化学课程的具体化，反映了义务教育化学课程的教育价值与育人功能，体现了义务教育化学学科育人的基本要求，全面展现了义务教育化学课程学习对学生发展的重要价值（表 1-3）。

表 1-3　义务教育化学学科核心素养及其内涵

维度	初中化学中的表现	内涵
化学观念	化学观念主要包括元素观；分类观；微粒观；结构决定性质，性质决定用途；变化观；能量守恒观；物质转化观	化学观念是人类探索物质的组成及结构性质和应用化学反应及其规律形成的基本观念，是化学知识的升华，是认识物质及其变化以及解决实际问题的基础
科学思维	科学思维主要包括比较，分类，分析，综合，归纳；证据推理，建构模型；质疑能力；批判能力；创新意识	科学思维是在化学学习中基于事实与逻辑进行独立思考和判断，对不同信息、观点和结论进行质疑与批判，提出创造性见解的能力；是研究物质及其变化规律的思路和方法，是探究物质及其变化规律的认识方式
科学探究与实践	①科学探究：科学探究能力；②实践能力：信息获取和加工能力，自主学习能力，设计、制作和使用相关模型和作品的能力，社会调查实践能力，设计方案能力，协作和沟通交流能力	科学探究与实践是经历实验探究，基于学科和跨学科实践活动形成的学习能力，是在解决真实问题和参与综合实践活动中展现的能力与品格

续表

维度	初中化学中的表现	内涵
科学态度与责任	①科学态度：好奇心、想象力、探究欲、学习兴趣、对化学学科的价值持有积极的认识、严谨求实、勇于修正或放弃错误观点、反对伪科学； ②责任：遵守科学伦理、遵守法律法规、对社会问题进行判断和决策的意识、节约资源、保护环境、热爱祖国、对民族复兴和社会进步的责任感	科学态度与责任是在理解科学技术、社会环境相互关系的基础上，逐步形成的对化学促进社会可持续发展的正确认识以及所表现的责任担当

【延伸拓展】阅读《普通高中化学课程标准》（2017 年版 2020 年修订）的"课程理念"，结合你的学习经历，任选一项说说你的感受。

第二节　中学化学课程标准解析

阅读理解：

对比普通高中和义务教育化学课程标准中对化学的定义：化学是（高中：在分子、原子水平上）研究物质的组成、结构、性质及其应用的一门基础自然科学，其特征是从分子层次（高中：从微观层次）认识物质，通过化学变化创造物质（高中：以符号形式描述物质，在不同层面创造物质）。从文字描述中你可以看出哪些差异？

课程标准是国家制定（在某些国家是由地方制定）的某一学段的共同的、统一的基本要求，是对学生在经过某一学段之后的学习结果的行为描述，其范围涉及作为一个完整个体的发展的 3 个领域，即认知、情感与动作技能，描述的是可理解的、可达到的、可评估的学生学习结果。[1] 它隐含着教师不是教科书的执行者，而是教学方案（课程）的开发者，即教师是"用教科书教，而不是教教科书"。课程标准是教材编写、教学、评估和考试命题的依据，是国家管理和评价课程的基础。通过课程标准，教育工作者可以了解课程理念、理解课程目标、知道课程内容体系结构、明确课程评价标准等。

一、《义务教育化学课程标准》（2022 年版）解析

义务教育化学课程基于核心素养发展的要求，首先，强化了课程的育人导向。将中国学生发展核心素养具体化为本学科着力培养的核心素养，体现了正确的价值观、必备品格和关键能力的培养要求。其次，优化了课程内容结构。增强化学课程内容与育人目标的联系，优化了化学课程内容的组织形式，加强学科间的相互联系，设置了跨学科的主题学习活动。再次，细化了评价和考试命题，注重实现教学评的一致性。根据化学学科核心素养的发展水平，结合义务教育化学课程内容，研制了学业要求和化学学业质量标准，明确了为什么教、教什

---

[1] 崔允漷. 国家课程标准与框架的解读 [J]. 全球教育展望，2001（8）：4-9.

么、怎么教、教到什么程度，为教材的编写、教学实施、考试评价提供依据。最后，加强了学段的衔接。义务教育化学课程加强了与小学科学、物理、生物等学科的衔接，同时合理地安排了与高中化学课程内容的衔接，体现了学习目标的连续性和进阶性。

1. 课程理念

针对"为谁培养人、培养什么人、怎样培养人"的根本性问题，《义务教育化学课程标准》（2022年版）（以下简称初中课标）从育人功能、发展核心素养、大概念统领、核心素养导向的教学和发展性评价等方面凝练了五个课程新理念。

思考与交流

阅读《义务教育化学课程标准》（2022年版）中对初中化学课程理念的表述，思考并回答下列问题：

（1）从"五育并举"的角度说说化学课程育人可以从哪些方面入手？

（2）化学学科核心素养与化学课程目标、化学学业质量评价有何关系？

（3）化学课程内容的选择有何特点？

（4）初中化学课程有几个学习主题？每个学习主题的设计包含哪些元素？

（5）素养导向的化学课程实施倡导哪些教法和学法？

（6）学业评价改革的导向是什么？

义务教育化学课程理念如表1-4所示。

表1-4 《义务教育化学课程标准》（2022年版）的课程理念

关键词	内容
课程育人	五育并举，德育优先
发展化学学科核心素养	围绕核心素养培养构建课程目标和学业评价
大概念统领的课程结构	凝练大概念，重视跨学科，外显科学思维与方法
教学改革	倡导"做中学、用中学、创中学"，提倡探究教学、启发教学、互动教学，鼓励开展自主学习、合作学习、探究学习
评价改革	设计学业要求和学业质量，实现教、学、评一体化等

2. 初中化学课程目标与内容框架

（1）初中化学课程目标。

义务教育化学课程围绕核心素养，基于课程性质和课程理念确立了化学课程目标（表1-5）。

表1-5 化学课程目标与化学学科核心素养之间关系

学科核心素养	初中化学课程目标	各维度关系
化学观念	形成化学观念，解决实际问题	化学学科：化学知识与化学观念
科学思维	发展科学思维，强化创新意识	科学领域：科学研究方法、实践能力的培养
科学探究与实践	经历科学探究，增强实践能力	
科学态度与责任	养成科学态度，具有责任担当	核心素养：课程育人价值

如何解读课程目标的具体描述？回顾布鲁姆教育目标分析有助于正确理解课程目标各行为动词（表1-6）。

表1-6　布鲁姆教育目标分类的知识和认知分类及其学科表现

知识维度		认知维度		
类别	在化学学科中的内涵	类别	在化学学科中的内涵	行为动词
事实性知识	学习化学学科或解决其中问题必须要了解的基本要素。例如元素化合物知识、STSE知识	记忆	能够从长时记忆中提取出相对应的化学信息，例如具体的某物质的物理和化学性质	观察、回忆、识记、写出、书写、说出、辨识
概念性知识	反映物质及其变化、物质结构与性质关系的本质属性和内在规律的化学基本概念和基本原理。例如，电解质、元素周期律等	理解	从口头、书面和图像等形式的化学教学信息中对化学相关的概念、原理构建意义	分类、说明、概括、描述、列举、理解、说明、表示、表达、解释、解决、比较、选择、选取、推断、推测、推理、预测
		运用	在一定情境中应用知识或实施相应的程序解决化学问题	运用、简单计算、合理使用
程序性知识	探究化学问题的方法，以及化学技能、算法、技术和方法的使用准则。例如，化学方程式的配平等	分析	将化学问题分解，运用相关知识，确定各部分之间的相互关系，采用分析的方法解决相关化学问题	鉴别、分析
		评价	利用所具备的化学知识基于准则和标准对相应的化学问题作出判断	讨论、判断、判定、评价
元认知知识	关于化学学科认知的认识以及关于自我认知的意识和知识。例如，搭建元素化合物价-类二维图、运用化学知识解决实践问题等	创造	针对具体的化学问题，结合所学到的化学知识，将其重新组织、设计成合理的实验方案	假设、证明、设计、画出、搭建

【案例研讨】课程目标的解读：初步认识物质的多样性能，对物质及其变化进行分类。试着根据课程目标的描述，分析这段文字内涵。

解析：根据布鲁姆目标分类可知：①初步认识，认识属于记忆层次，初步认识就是要求学生完成一些记忆和辨识工作，也就是辨认教材中出现的物质的类别；②分类，属于理解层次，也就是能理解化学变化四种基本类型分类依据，并据此对陌生情境中的化学反应类型作出正确判断。

资料卡片

《义务教育化学课程标准（实验）》（2001年版）关于课程目标要求的说明

该标准对目标要求的描述所用的词语分别指向认知性学习目标、技能性学习目标和体验性学习目标。按照学习目标的要求又分为不同的水平层次。对同一层次的学习要求所采用的词语有对学习目标的描述，也有对学习过程目标的描述。

1. 认知性学习目标的水平

从低到高：知道、记住、说出、列举、找到

认识、了解、看懂、识别、能表示

理解、解释、说明、区分、判断

2. 技能性学习目标的水平

从低到高：初步学习、初步学会

3. 体验性学习目标的水平

从低到高：体验、感受

意识、体会、认识、关注、遵守

初步形成、树立、保持、发展、增强

【练一练】解读以下课程目标的内涵：初步学会从定性和定量的视角研究物质的组成和变化。

（2）义务教育化学内容框架。

【名词解释】

①化学学习主题：不是一些具体的化学学科知识的堆砌，而是具有独特素养功能和价值的有机整体，其素养功能和价值主要是通过化学学习主题的大概念来体现的。

②"大概念"❶（big idea）：是指反映学科本质，具有高度概括性、统摄性和迁移应用价值的化学学科思想观念。例如，"结构决定性质"就是一个化学学科大概念，它是对物质的宏观性质与物质的微观本质之间相互关系的一种抽象描述。再如，化学物质转化观念也是一个大概念，是对化学变化的概括。站在科学教育立场上看，大概念有三种表现形式，即科学大概念、学科大概念和主题大概念。例如，"相互作用"，属于科学大概念；"化学相互作用"，属于（化学）学科大概念；"基于离子的化学相互作用"，属于主题大概念。

【讨论】根据《义务教育化学课程标准》（2022年版），义务教育化学课程结构是怎样的？每个主题结构有何特点？

《义务教育化学课程标准》（2022年版）高度重视课程内容的系统化设计，强调落实化学课程所要求的发展学生核心素养的举措，强调基于课程内容来发挥"如何培养人"的课程育人功能。课程采取"学习主题+学习内容"的结构，一共五个主题，每个学习主题围绕大概念选取多维度的具体学习内容。既包括核心知识，又包括对科学思维、探究实践和情感态度、价值观等方面的要求。各主题及其主要内容如表1-7所示。

❶ 郑长龙，迟铭. 从理念看变化：《义务教育化学课程标准（2022年版）》解析［J］. 教师教育学报，2022，9（3）：129-136.

10

表 1-7　义务教育化学课程结构

学习主题	主题内容
科学探究与化学实验	化学科学本质；实验探究；化学实验探究的思路和方法；科学探究的态度
物质的性质与应用	常见的物质及其性质；认识物质性质的思路和方法；物质应用
物质的组成与结构	物质的组成和微观结构；构成物质的微粒；认识物质的组成与结构的思路与方法；研究物质的组成与结构的意义
物质的化学变化	物质的变化与转化；化学反应与质量守恒定律；认识化学反应的思路与方法；化学反应的应用价值及合理调控
化学与社会·跨学科实践	化学与可持续发展；化学与资源、能源、健康等；化学、技术、工程融合解决跨学科问题的思路与方法

从结构看，《义务教育化学课程标准》（2022 年版）的化学课程结构变化体现在：①基于化学学科核心素养的发展来整体设计课程内容；②"学习主题"中增加了跨学科实践；③每个主题以大概念统领主题内容学习。

【资料阅读】以义务教育化学课程主题 2 及其内容为例，分析主题内容设计特点（图 1-3）。

学习主题	主题内容
2. 物质的性质与应用	2.1　物质的多样性 2.2　常见的物质 　　　2.2.1　空气、氧气、二氧化碳 　　　2.2.2　水和溶液 　　　2.2.3　金属与金属矿物 　　　2.2.4　常见的酸、碱、盐 2.3　认识物质性质的思路与方法 2.4　物质性质的广泛应用及化学品的合理使用 2.5　学生必做实验及实践活动

图 1-3　义务教育化学课程主题 2 及其内容

如图 1-3 所示，每一个主题充分发挥大概念的统领和统摄作用，"物质的多样性"是"物质的性质与应用"主题的大概念；通过核心知识"常见的物质"形成"结构决定性质、性质决定用途、变化观"等化学观念；通过"认识物质性质的思路与方法、科学探究、实践活动"培养科学思维与探究能力、实践能力；通过 2.4 的 STSE 知识形成科学态度与社会责任。如此，每一个学习主题都达到了发展化学学科核心素养、全面发展、立德树人的目标。

再如，"化学与社会·跨学科实践"学习主题的内容结构如图 1-4 所示。

主题大概念：化学与可持续发展

科学、技术、社会、环境的相互关系
化学在解决与资源、能源、材料、环境、人类健康等相关的问题中的作用
节约资源、环境友好的生活方式　人与自然和谐共生的科学自然观和绿色发展观

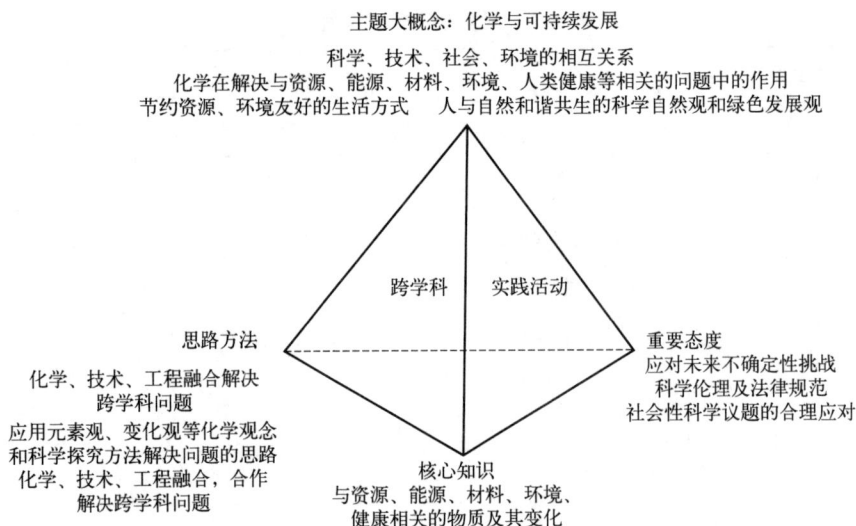

图 1-4　"化学与社会·跨学科实践"学习主题的内容结构❶

【练一练】以义务教育化学课程主题 4 及其内容为例，分析该主题内容设计特点。

3. 初中化学课标课程内容解读

（1）初中化学课标课程内容解读视角。

【思考与讨论】对比分析表 1-8 中有关"氧气"的内容，分析氧气的内容包含哪些知识点？教学重点是什么？我们在使用课标时需要注意什么？

表 1-8　《义务教育化学课程标准》（2022 年版）"课程内容"中有关氧气的内容表述

内容要求	学业要求	教学提示
通过实验认识探究氧气的主要性质；认识物质的性质与用途的关系；初步学习氧气的实验室制取法，提炼归纳实验室制取气体的一般思路	能通过实验说明氧气的主要性质，并能用化学方程式表示；能举例说明氧气性质的广泛应用及性质与用途的关系；能利用氧气的性质分析解释一些简单的化学现象与事实；能设计简单的实验制备并检验氧气	通过典型实例、丰富鲜活的物质应用事实帮助学生认识物质性质与用途的关系、引导学生基于物质性质对物质应用进行分析解释和创意设计，促进学生形成性质决定用途观念；充分发挥学生必做实验的功能，经历完整的探究过程，给学生提供充分的动手实践和动脑思考的机会；引导学生在反思和交流的基础上提炼研究物质性质的一般思路和方法

分析氧气的课程内容：

① "内容要求"里包含氧气的性质、用途、制取气体一般思路等知识点。

②对这些知识的教学目标要求是"认识、初步学习、提炼"，认识、提炼属于认知性目标，初步学习属于技能性目标。

③学业要求主要针对氧气的性质和用途设计课堂教学评价试题，可知氧气的教学重点是氧气的性质和制备，难点在于提炼实验室制备气体的思路和设计简单的制备实验。教学中要

---

❶ 房喻，王磊.《义务教育化学课程标准》（2022 年版）解读［M］.北京：高等教育出版社，2022.

求教师创设丰富鲜活的情境，开展实验探究活动。

④能发展的核心素养有性质决定用途的学科观念、实验室制取气体的思维模型、观察能力、科学探究能力、交流能力、好奇心、探究欲、学习兴趣、严谨求实等。

在初中化学课标中，"课程内容"将每一个主题的要求分为内容要求、学业要求、教学提示三部分。其中，内容要求规定了知识点及教学重点，学业要求是开展日常教学评价设计的依据，为实施"教、学、评"一体化提供重要的支撑，教学提示为教学素材选择、教学活动设计提供思路。

【练一练】分析《义务教育化学课程标准》（2022年版）"课程内容"中有关"元素"的内容表述，找出知识点、教学重点和可以发展的化学学科核心素养。

（2）学业评价的实施。

教学评价是教学系统不可或缺的重要组成部分，具有诊断学习效果、改进教学行为、促进课程目标的落实等功能。义务教育化学课程坚持核心素养导向评价，学业评价包括日常学习评价和学业水平考试两种。同时义务教育化学课程强调加强过程性评价、改进终结性评价、深化综合评价和探索增值评价，促使学生全面而富有个性地发展。

【讨论】义务教育化学学业评价是怎样开展的？学业要求与学业质量有何关系？

学业质量是学生在完成某阶段课程学习后的学业成就表现（学业成就的表现形式多样，如等级制、百分制、合格与否等）。义务教育化学课程学业质量标准是以化学课程对核心素养的目标要求为依据，结合课程内容对学生学业成就的具体表现特征的总体刻画，用于反映课程目标的达成程度。学业质量标准是化学学业水平考试命题的重要依据，对化学教材编写、学业水平考试等教学评价实施具有重大的指导作用。学业要求是开展日常教学评价的依据，对教材编写、日常学习评价的实施具有重大的指导作用。

①日常学习评价。日常学习评价包括学生在课堂学习、实验探究、跨学科实践活动中的表现性评价，也包括单元测试、半期或期末以纸笔测试为主的阶段性检测等。通过增加实践性的作业、弹性作业和跨学科作业，优化单元作业的整体设计与实施、建立学习档案袋，逐步探索增值评价，关注学生的学习起点和学习过程，关注学生核心素养的发展情况。日常学习评价设计的主要依据是学业要求，在初三后期的学习中，日常教学评价设计兼顾学业要求和学业质量，体现对学生核心素养达成度的考查。

【实践与交流】根据氧气的学业要求"能利用氧气的性质分析解释一些简单的化学现象与事实"，设计相应的习题。

②学业水平考试。义务教育化学课程学业水平考试主要评价学业质量的达成情况，对开展素养为本的义务教育化学教学改革起到正向引导作用。学业水平考试以学业质量为命题依据，考试成绩是初中毕业和升入高一年级的重要依据。义务教育化学学业水平考试包括纸笔测试、实验操作考试、跨学科实践活动三部分，实验操作考试包括实验基本操作、探究实验的设计和实施，跨学科实践活动成绩根据学生在活动中的表现综合评定。

思考与交流

表1-9是"溶质质量分数"部分的课标表述，试分析各部分的不同。

表1-9　《义务教育化学课程标准》（2022年版）中有关溶质质量分数的内容

内容要求	学业要求	学业质量
知道溶质质量分数可以表示浓度，认识溶质质量分数的含义； 学习计算溶质质量分数； 学习配制一定溶质质量分数溶液的基本方法； 初步感受定量研究的意义，体会溶液在生产生活中的应用价值	能从定性和定量的视角说明饱和溶液、溶解度和溶质质量分数的含义； 能进行溶质质量分数的简单计算； 能根据需要配置一定溶质质量分数的溶液； 能利用物质的溶解性设计粗盐提纯、水的净化等物质分离的方案	用质量分数表示混合物体系中物质的成分； 能通过溶解度和溶解度曲线描述物质的溶解程度； 能利用溶解性的差异进行物质的分离和提纯

【课后拓展】

①阅读并分析《义务教育化学课程标准》（2022年版）中的附录1"跨学科实践活动案例1和案例2"的设计特点。

②收集《化学教育》近三年以来的项目式教学案例5篇以上，分析项目式教学特点。完成下列任务：依托初中化学课程内容，设计并完成一个初中化学项目式教学案例。

二、《普通高中化学课程标准》（2017年版2020年修订）解析

《普通高中化学课程标准》（2017年版2020年修订）（以下简称高中化学课标），是在普通高中课程方案基础上，吸取了上一轮基于科学素养发展的高中化学课程改革实践经验，围绕发展学生核心素养课程改革理念，修订了课程目标、课程结构，改革了课程评价体系，具有鲜明的育人导向、具有思想性、科学性、时代性、整体性等特点。那么2017年版的高中化学课程发生了哪些变化呢？

郑长龙认为，同2003年版课标相比，2017年版高中化学课标发生了非常显著的变化，主要有以下10个方面：（a）对化学学科的本体特征进行了提炼；（b）从化学课程目标、结构、内容、教学和评价等5个方面，概括了基于化学学科核心素养的课程理念；（c）构建了化学学科核心素养的内容体系及其发展水平体系；（d）构建了由必修课程、选择性必修课程和选修课程组成的"三层次"课程结构；（e）构建了基于主题的课程内容体系，并对课程内容进行了增减；（f）明确了必修课程和选择性必修课程的必做实验；（g）构建了学业质量水平体系；（h）注重"教、学、评"一体化，提供了化学学科核心素养在课堂教学中"落地"的基本途径和策略；（i）注重教、学、考一致性，提供了基于化学学科核心素养发展的学业水平考试命题的原则和策略；（j）提供了体现"教、学、评"一体化的素养为本的化学课堂教学设计案例。❶

高中化学新课程从课程理念、课程目标、课程结构、课程内容、课程评价等方面全方位改革。

（一）普通高中化学课程改革新理念

思考与交流

阅读高中化学课标中对高中化学课程理念的表述，思考并回答下列问题：

（1）"充分发挥课程的整体育人理念"，这句话的整体育人内涵是什么？

---

❶　郑长龙.2017年版普通高中化学课程标准的重大变化及解析［J］.化学教育，2018，9（39）：41-47.

（2）怎样理解高中化学课程设置的"有层次、多样化、可选择"？

（3）什么是学科的核心观念？说说你知道的化学观念。

（4）素养为本的教学理念中提到"重视教学内容的结构化设计"，你是怎么理解的？

（5）你认为一节课如何体现"教、学、评一体化"理念？

核心素养和化学学科核心素养是高中化学课程的重要育人目标，围绕核心素养培养，高中化学课标从课程主旨、课程结构和内容选择、育人功能、教学改革、核心素养导向的教学和发展性评价等方面凝练了五个课程新理念。

高中化学课程理念如表1-10所示。

表1-10　《普通高中化学课程标准》（2017年版2020年修订）的课程理念

内容	关键词
以发展化学学科核心素养为主旨	整体育人，德育优先，课程目标基于核心素养构建
课程结构及内容选择	有层次、多样化（必修+选择性必修+选修）、可选择，学科大概念、学科观念、价值观引领
开展素养为本的教学	教学情境，探究教学、结构化设计，鼓励开展自主学习、合作学习、探究学习
基于化学学科核心素养的评价	设计学业要求和学业质量，教、学、评一体化等

（二）普通高中化学课程目标特点

课程目标是国家层面的教育目的和学段教育目标在课程上的具体体现。在高中化学课程学习中形成和发展学生的化学学科核心素养，进而促进学生核心素养的发展，是高中化学课程的重要目标。高中化学课程内容的设计和学业评价围绕课程目标达成度来设计，是化学课程目标的具体化。深刻认识和理解以培养和发展学生核心素养为重要特征的化学课程目标内涵，落实"立德树人"的根本任务，关注化学学科核心素养在课程目标中的落实，将化学学科核心素养、课程目标、课程内容和学业质量标准融为一体。

高中化学课程目标具有如下特点。

1. 化学课程目标与化学学科核心素养培养目标高度融合

【案例分析】在核心素养的五个维度中描述了证据推理素养在高中阶段的表现：证据意识，能基于证据对物质组成结构及其变化提出可能的假设；通过分析推理加以证实或证伪；建立观点、结论和证据之间的逻辑关系。据此设置的课程目标概括了在高中阶段围绕这一素养要达成的课程目标为：初步学会收集各种证据，对物质的性质及其变化提出可能的假设；基于证据进行分析推理，证实或者证伪假设；能解释证据和结论之间的关系，确定形成科学结论所需要的证据和寻找证据的途径。

通过以上分析可知，根据化学学科核心素养的"宏观辨识与微观探析、变化观念与平衡思想、证据推理与模型认知、科学探究与创新意识、科学态度与社会责任"等五个维度，设置了五个方面的高中化学课程目标，高中化学学科核心素养与高中化学课程目标高度融合，显性知识和隐性素养有机结合达成育人目标。

2. 突出核心观念，聚焦学科大概念

化学观念是人类探索物质的组成与结构、性质与应用、化学反应及其规律所形成的基本观念，是化学概念原理和规律的提炼与升华，是认识物质及其变化，以及解决实际问题的基础。● 核心大概念是指居于学科中心、具有广阔的解释空间、超越课堂之外的持久价值和迁移价值的关键性概念、原理或方法，是学科结构的主干部分。具有统摄性的大概念和结构化的知识具有更强大的功能价值。所以，选取大概念，有利于知识结构化和功能化，是知识转化为素养的关键。

【案例分析】课程目标1通过观察能辨识一定条件下物质的形态及变化的宏观现象，初步掌握物质及其变化的分类方法，能运用符号表征物质及其变化；能从物质的微观层面理解其组成、结构和性质的联系，形成"结构决定性质，性质决定应用"的观念；能根据物质的微观结构预测物质在特定条件下可能具有的性质和发生的变化，并能解释其原因。

分析课程目标1发现，围绕宏观辨识与微观探析素养发展：①核心知识，物质的分类，常见物质的物理性质、化学性质及其转化，基于物质类别和元素价态、官能团、化学键预测物质的性质及变化；②化学观念，价—类二维元素观、宏观—微观—符号相一致的学科思想、微粒作用观、"结构决定性质，性质决定应用"的观念；③核心大概念，物质的分类、物质的转化。

3. 课程目标的表述中明确了知识，也强调了知识的目标要求及素养发展

【案例分析】课程目标"通过观察能辨识一定条件下物质的形态及其变化的宏观现象"，如何理解？

解析：这一句课程目标的描述中包含了知识、学习方法、学习目标、重点发展的核心素养。显性知识——物质的形态及变化的宏观现象、教学目标——辨识（辨识属于记忆层次，要求学生能辨别、说出、写出相关的知识点）、学习方式——观察、素养——宏观辨识。

资料卡片

《普通高中化学课程标准（实验）》❷ 将学习目标分为三个领域，分别为认知性学习目标、技能性学习目标、体验性学习目标，具体的行为动词如表1-11所示。

表1-11　《普通高中化学课程标准（实验）》中学习目标

学习领域	行为动词	认知水平层次
认知性学习	知道、说出、识别、描述、举例、列举	了解水平
	了解、认识、能表示、辨别、比较	理解水平
	理解、解释、说明、判断、预算、分类、归纳、概述	应用水平
技能性学习	初步学习、模仿	模仿水平
	初步学会、独立操作、完成、测量	独立操作水平
	学会、掌握、迁移、灵活运用	迁移水平
体验性学习	感受、经历尝试、体验、参与、交流、讨论、合作	经历水平
	认同、体会、认识、关注、遵守、赞赏、重视	反应水平
	形成、养成、具有、树立、建立、保持、发展	领悟水平

---

❶ 教育部. 义务教育化学课程标准（2022年版）[S]. 北京：人民教育出版社，2022.
❷ 教育部. 普通高中化学课程标准（实验）[S]. 北京：人民教育出版社，2003.

综上，依据高中化学学科核心素养设置的化学课程总目标，是对"知识与技能、过程与方法、情感态度与价值观"三维课程目标的整合、继承和发展，保证了学习高中化学课程后的正确价值观、必备品格和关键能力。依据高中化学课程总目标设置教学目标时，首先体现课程育人目标，即目标在科学态度与社会责任素养方面的具体体现，其次是对学生知识、能力、素质的培养，达到全面育人的目的。

【练一练】辨析：课程目标"能用对立统一、联系发展和动态平衡的观点考察化学反应，预测在一定条件下某种物质可能发生的化学变化"的含义是什么？

（三）普通高中化学知识体系分析

1. 高中化学课程结构及其变化

高中化学课程在《普通高中化学课程标准（实验）》的基础上，吸取了 2003 年以来高中化学课程改革的经验，优化了课程结构，保持了课程的层次性，增强了课程的选择性，加强了与义务教育化学课程的衔接，保证了升入高一级学校学习相关学科所需要的化学基础知识储备。

高中化学新课程将选修课程中的"有机化学基础、物质结构与性质、化学反应原理"三个模块划为选修化学课程学生的必修课，因此形成了"必修+选择性必修+选修"的课程结构，具体如图 1-5 所示。

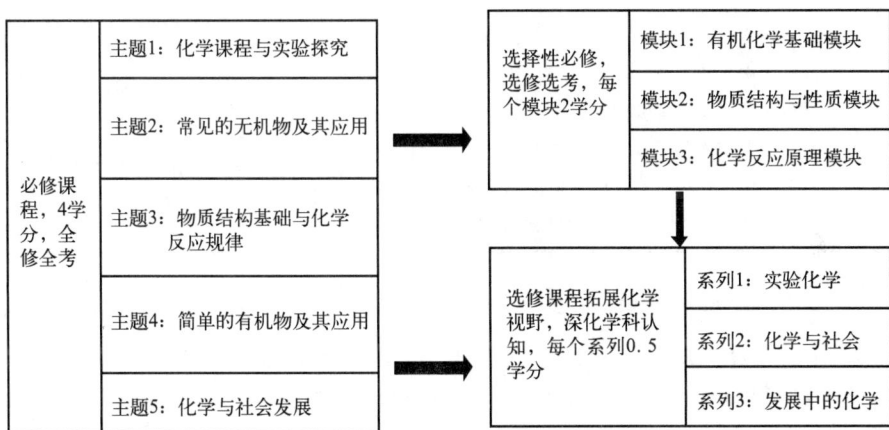

图 1-5　高中化学课程结构示意图

【探究与交流】对比分析 2017 年版、2003 年版高中化学课标中的化学课程体系，有何变化？你认为导致这种变化的原因是什么？

2. 高中化学必修课程内容变化

【思考与讨论】阅读文献《学科核心素养发展导向的高中化学课程内容和学业要求——〈普通高中化学课程标准〉（2017 年版）解读》❶，思考高中化学课程内容修订的原因是什么？必修课程修订的重点在哪里？

---

❶ 王磊，魏锐. 学科核心素养发展导向的高中化学课程内容和学业要求——《普通高中化学课程标准》（2017 年版）解读 [J]. 化学教育，2018，39（9）：48-53.

（1）高中化学必修课程知识体系变化。

①删减核心元素化合物知识。化学学科事实性知识包括元素化合物知识和概念原理知识两部分。具体元素化合物知识（如钠的性质）一直以来都是高中化学知识内容的重要组成部分，融合了概念原理知识和 STSE 知识，很好地展现了化学与生产生活的联系，促进了对概念原理知识的深度理解。在信息化背景下，什么知识最有价值？对元素化合物知识来说，是元素化合物知识本身，还是获得元素化合物知识的科学思维方法，抑或是利用元素化合物知识解决实际问题的实践能力？答案是不言而喻的，以元素化合物知识为载体，形成正确的价值观，发展科学思维和科学探究能力，提升实践能力，促进学生全面发展。

思考与交流

如表 1-12 所示，对比分析《普通高中化学课程标准（实验）》中元素化合物知识，弱化了什么？哪些知识点得到强化？

表 1-12 不同版本高中化学课标中"元素化合物"内容范围对比

元素化合物	高中化学课标（2017 年版）	高中化学课标（实验）
无机物	Na、Fe、S、N、Cl 五种无机元素化合物，了解元素及其化合物的主要性质和应用	了解 Na、Al、Fe、Cu、S、N、Si、Cl 八种无机元素化合物的主要性质和应用
有机物	了解有机物的结构特点；认识乙烯、乙醇、乙酸的结构及其主要性质与应用；认识官能团与性质的关系；知道有机物在一定条件下可以相互转化；结合实例认识高分子、油脂、糖类、蛋白质等有机化合物在生产、生活中的重要应用；知道氧化、加成、取代、聚合等有机反应类型	了解甲烷、乙烯、苯的主要性质，认识乙烯、氯乙烯、苯的衍生物等在化工生产中的重要作用；知道乙醇、乙酸、糖类、油脂、蛋白质的组成和主要性质及应用；了解高分子材料的合成反应及其应用

解析：进一步弱化具体元素化合物性质的学习，强调科学思维培育，强化化学概念原理等理论知识对元素化合物知识学习的指导作用。例如，对无机物，建立"价—类二维、位—构—性"思维模型指导具体物质性质的学习，有机物则强调用官能团指导有机物性质的学习，建立结构决定性质的学科思维。

【练一练】对比分析化学反应速率、化学反应限度知识体系的变化。

②建构学科观念和核心大概念。

【交流与讨论】在高中化学必修阶段有哪些学科观念和核心大概念？填写你知道的化学学科观念及其对应的核心大概念（表 1-13）。

表 1-13 高中化学必修阶段的学科观念和核心大概念

化学学科观念	对应的核心大概念
元素观	物质的分类
微粒观	离子反应、化学键
……	……

③注重 STSE 知识的融合，体现课程育人内涵。

【思考与讨论】STSE 的内涵是什么？与义务教学化学课程倡导的跨学科内涵有何异同？

课标"调查与交流讨论：讨论第三周期元素金属性、非金属性的递变，讨论碱金属元素、卤族元素性质的递变，借助元素周期律（表）预测硅、硒、锗、镓等元素的性质；查阅元素周期律（表）对发现新元素、制造新物质、开发新材料的指导作用，查阅放射性同位素在能源、农业、医疗、考古等方面的应用；讨论化学反应热效应的本质；讨论原电池的工作原理，查阅不同种类电池的特点、性能与用途，调查新型能源的种类、来源与利用。"这段话包含了哪些 STSE 内容？

解析：高中化学课程知识，除了学科价值外，还有丰富的"科学、技术、社会、环境"及其相互作用和影响的教育价值，上述学习活动建议，从科学层面包含了新能源、新材料等知识，从技术层面有考古的年代确定，从社会层面突出农业、医疗及调查实践等活动，从环保层面有新能源种类、来源与利用等。STSE 知识突出化学知识特有的课程育人价值，引导学生认识化学科学在促进社会发展和科技进步中独特的学科价值，认识到科学态度与社会责任之间的关系。

（2）普通高中化学实验体系变化。

【交流与研讨】结合你的学习经历，说说化学实验有何育人功能？高中化学新课程中实验部分的最大变化是什么？

以实验为基础是化学学科的重要特征之一，化学实验对于全面发展学生的化学学科核心素养有着极为重要的作用。化学实验有助于激发学生学习化学的兴趣，帮助学生理解基本概念原理，掌握化学实验操作技能，启迪科学思维。实验还能够提升学生科学探究的能力和创新意识，培养正确的价值观。

①实验课类型。在《普通高中化学课程标准（实验）》中，没有规定高中化学实验类型，导致许多中学化学课程中学生实验开设不足，影响了学生化学实验素养的培养。在高中化学课标中，明确将高中化学实验分为三类（图 1-6）。

在高中化学课标第四部分"课程内容"中，每一主题的"教学提示—学习活动建议"中都包含演示实验和探究实验。在"课程内容"的"内容要求—学生必做实验"以及附录 3，列出了学生必做实验。

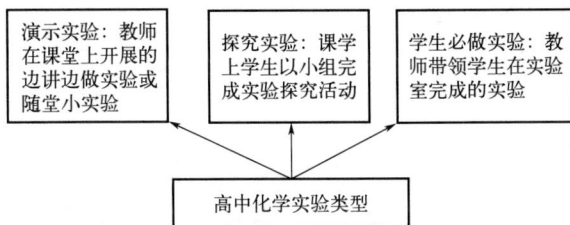

图 1-6　高中化学实验类型

②学生必做实验特点。高中化学主要的学生必做实验如表 1-14 所示。

表 1-14　普通高中化学课程学生必做实验

必修课程学生必做实验	选择性必修课程学生必做实验
配制一定物质的量浓度的溶液	简单的电镀实验
铁及其化合物的性质	制作简单的燃料电池
不同价态含硫物质的转化	探究影响化学平衡移动的因素
用化学沉淀法去除粗盐中的杂质离子	强酸与强碱的中和滴定
同周期、同主族元素性质的递变	盐类水解的应用
化学反应速率的影响因素	简单配合物的制备
化学能转变为电能	乙酸乙酯的制备与性质
搭建球棍模型认识有机化合物分子结构的特点	有机化合物中常见官能团的检验
乙醇、乙酸的主要性质	糖类的性质

从表 1-14 可知，高中化学必修课程中有 9 个学生必做实验，选择性必修课程中也有 9 个学生必做实验。这些实验中既有物质的分离、提纯和检验等基本技能训练的实验，也有电池、化学反应速率等有关概念原理的实验，还有乙酸、乙醇等物质性质的实验。探究实验、搭建模型的实验首次出现在学生必做实验中。在实践中，需要精心设计科学探究实验活动，有效地组织和开展学生必做实验教学，增进学生对化学学科的理解的同时，发展学生的实验基本技能和科学探究能力。

（3）高中化学"课程内容"的解读。

【案例分析】分析课标中"氧化还原反应"的"课程内容"由几部分组成？各自承担什么功能（表 1-15）？

表 1-15　"氧化还原反应"的"课程内容"的解读

内容要求	教学提示	学业要求
（1）认识有化合价升降的反应是氧化还原反应； （2）了解氧化还原反应的实质是电子的转移； （3）知道常见的氧化剂和还原剂	（1）实验及探究活动：氧化还原本质的探究； （2）情境素材建议：氧化还原理论建立的史料；日常生活中的氧化还原反应	（1）能利用氧化还原反应概念对常见的化学反应进行分类和分析说明； （2）能从元素价态的角度，依据氧化还原反应原理，预测物质的性质和变化，设计实验进行验证，并能分析、解释实验现象； （3）能从元素价态变化的视角说明物质的转化途径

功能：

内容要求：规定了学习内容、学习目标层次、教学重点；教学提示：教材策略选择、学生活动设计建议、化学史、情境素材、实验、探究活动等，为教师教学提供帮助；学业要求：日常教学评价设计依据。

具体内容如下。

①氧化还原反应的知识点包括氧化还原反应的特征（化合价升降）、本质（电子转移）、氧化剂和还原剂，根据布鲁姆目标分析，从低到高的要求是知道、认识、了解，即教学重点知识为化合价升降和电子转移；

②教学中注重科学探究、宏观辨识和微观探析等素养的发展，创设化学史或者生活情境增强课程育人价值；

③教学评价的重点是氧化还原反应的判断和分析，后续将会运用物质的氧化性和还原性预测物质的性质和转化。

【研究与实践】根据氧化还原反应的学业要求，分析人教版高中化学必修教材的"氧化还原反应"的"练习与应用"习题设计的依据。

（4）普通高中化学课程评价体系分析。

高中化学学业质量评价强调化学学科核心素养的形成和发展，以高中阶段化学学科核心素养及其表现为主要维度，结合化学课程内容刻画学生的学业成就表现，用来指导学生的日常评价与学业水平考试命题。高中化学课程学业质量评价包括"学业要求和学业质量"两部分。

【案例分析】以氧化还原反应为例，对比分析学业要求和学业质量的异同（表1-16）。

表1-16　氧化还原反应的内容要求、学业要求和学业质量

内容要求	学业要求	学业质量水平
认识有化合价变化的反应是氧化还原反应； 了解氧化还原反应的本质是电子的转移； 知道常见的氧化剂和还原剂	能利用氧化还原反应概念，对常见的反应进行分类和分析说明。能从元素价态的角度依据氧化还原反应原理预测物质的化学性质和变化。设计实验进行初步验证，并能分析解释有关实验现象	1-1能认识氧化还原反应的本质，能结合实例书写氧化还原反应方程式。 4-1能在物质及其变化的情境中依据需要选择不同方法，从不同角度对物质及其变化进行分析和推断

解析：学业要求是日常教学实施教学评价的依据。学业质量是学生完成化学学科课程后的学业成就表现，是设计高中化学学业水平考试命题的依据。无论是内容要求还是学业要求和学业质量水平，都使用了显性的"认识、了解、知道、分析、分类、说明、预测、设计、解释、推断"等行为动词，表达了对不同知识的目标要求。

氧化还原反应的相关课标表述，从"学业要求"中，可以发现考查的重点在于理解氧化还原反应的判断标准和本质，较高要求是建构利用氧化还原反应的原理预测物质性质的思维模型；从"学业质量水平"的描述中可知，在学业质量水平合格性考试命题中，较低水平的考查是微粒观，在不同情境中完成氧化还原方程式的书写；较高水平的考查利用氧化还原反应的原理预测物质性质的思维模型，重点考查模型认知水平和实践能力。

【讨论与交流】义务教育化学学业质量水平分为几级？对比分析高中化学学业质量水平，二者有何不同？

"学业要求"按照必修课程、选择性必修课程的各个模块、选修课程的各个系列的学习主题，分别确定学业要求。高中化学学业质量水平是课程学习结束后学科核心素养及其表现应该达到的水平。高中化学的学业质量水平是以高中化学学科核心素养及其表现为主要维度，结合化学必修课程和选择性必修课程的学习内容，描述学生在正确价值观、必备品格和关键能力等方面的发展水平。课程与学业水平考试和学业质量水平的关系如图1-7所示。

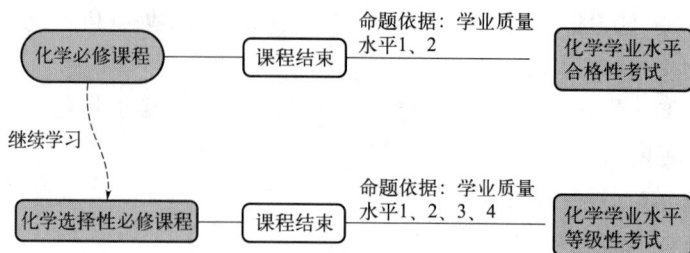

图 1-7　学业质量水平与课程、学业水平考试的关系

【实践研究】对比分析有关化学能与电能的考查要求，分析：试题设计对应的学业质量水平是什么？试题设计的要素有哪些？

题 1：某同学为了研究氧化还原反应中是否存在电子转移，设计了如下装置：

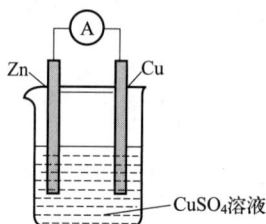

关于该装置，下列说法正确的是（　　　）。

A. Zn 棒做正极

B. 电子从 Zn 棒经导线流向 Cu 棒

C. 溶液中 H^+ 流向 Zn 棒

D. 该装置将电能转化为化学能

题 2：（2023 全国 A 卷）用可再生能源电还原 CO_2 时，采用高浓度的 K^+ 抑制酸性电解液中的析氢反应来提高多碳产物（乙烯、乙醇等）的生成率，装置如下图所示，下列说法正确的是（　　　）。

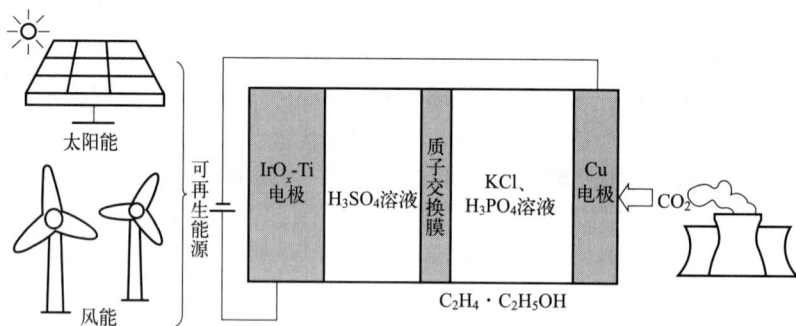

A. 析氢反应发生在 IrO_x-Ti 电极上

B. Cl^- 从 Cu 电极迁移到 IrO_x-Ti 电极

C. 阴极发生的反应有：$2CO_2+12H^++12e^-=C_2H_4+4H_2O$

D. 每转移 1mol 电子，阳极生成 11.2L 气体（标准状况）

【试一试】任选高中必修课程一个知识点，根据课标中学业要求，自编 2 道习题。

第二章　中学化学教材研究方法

学习目标：

1. 理解中学化学教材分析能力内涵，了解中学化学教材分析基本原则；

2. 了解中学化学教材分析水平层次并据此培养和提升教材分析能力；

3. 建立素养为本的"层次—类别"二维化学教材分析思维模型；能解读中学化学教材中"栏目、图片、文本"编写特点，初步建构中学化学教材微观层面解析基本思路和方法。

第一节　中学化学教材分析原则和水平

【文献阅读】阅读文献《教材分析评估的模型和层次》[1]，说说教材分析需要关注哪些方面的内容？

教材的概念有广义和狭义之分。广义的教材（teaching materials）指用于学校教学的教学材料，包括教科书和各种配合教科书使用的印刷资料、多媒体音像资料，以及网络形式呈现的教学资料；狭义的教材主要指教科书（textbook），本文所说的教材是狭义的范畴，特指中学化学教科书[2]，在高中化学课标中，对教材的定位为"高中化学教材是高中化学课程的物化形态与文本素材，是实现高中化学课程目标，培养学生化学学科核心素养的重要载体。是实施化学教学的主要资源之一"。义务教育化学课标中，定位教材为"化学教材是化学课程重要的物化形态与文本素材，是实现化学课程目标的重要载体，是实施化学教学的主要资源之一"。可见，中学化学教材作为中学化学课程内容的载体，是教学工具（既是学生学习的工具，也是教师教学的工具），更是一种教学资源，是师生开展化学课程教学的主要依据之一。

中学化学教材分析能力，是中学教师结合教学实际情况和自身教学经验，在教学过程中，从学生的特点出发，运用化学科学、教育学、心理学等知识，基于系统思维，对教材的内容进行分析、概括、生成与反思的能力。

通过开展中学化学教材分析活动，达成以下几方面目标：①理解化学学科核心素养的内涵，分析化学课程内容对学生素养发展的重要价值，学会正确处理课标与教材的关系，养成依据课标开展教学的意识和习惯；②了解甚至熟悉中学化学的课程体系和教材，分析教材的

---

[1] 高凌飚. 教材分析评估的模型和层次 [J]. 课程·教材·教法，2001（3）：1-5.

[2] 说明：第二章中的教材包括各个版本的初高中化学教材（人民教育出版社出版的中学化学教材简称人教版，山东科技出版社出版的化学教材简称鲁科版，江苏教育出版社出版的教材简称苏教版），课标是《义务教育化学课程标准》（2022年版）和《普通高中化学课程标准》（2017年版2022年修订）的泛称。

编写逻辑和知识体系结构，据此对教学内容进行加工完善；③理解中学化学课程独特的育人功能，掌握课程育人方法和策略，够在教育实践中，结合课程特点，挖掘课程思想性。通过分析中学化学教材，将知识学习、能力发展与品德养成相结合，最终通过化学课程实施培养中学生适应终身发展和社会发展所需的正确价值观、必备品格和关键能力，体现教书与育人的统一。

一、中学化学教材分析原则

教材分析是开展中学化学教学设计和实施教学活动的前提和基础。那如何开展教材分析？教材分析需要遵循哪些原则？对中学化学教材的分析仅仅有教学经验或者凭着对知识的直观感觉是远远不够的。我们在开展教材分析时，既要根据中学化学课程改革理念，也要结合化学学科核心素养，最大限度达成中学化学课程目标。另外，教材分析也需要一定的教育教学理论指导，结合学生的实际情况，切实提升教学效率。一般来说，中学化学教材分析需要遵循如图 2-1 所示的五项原则。

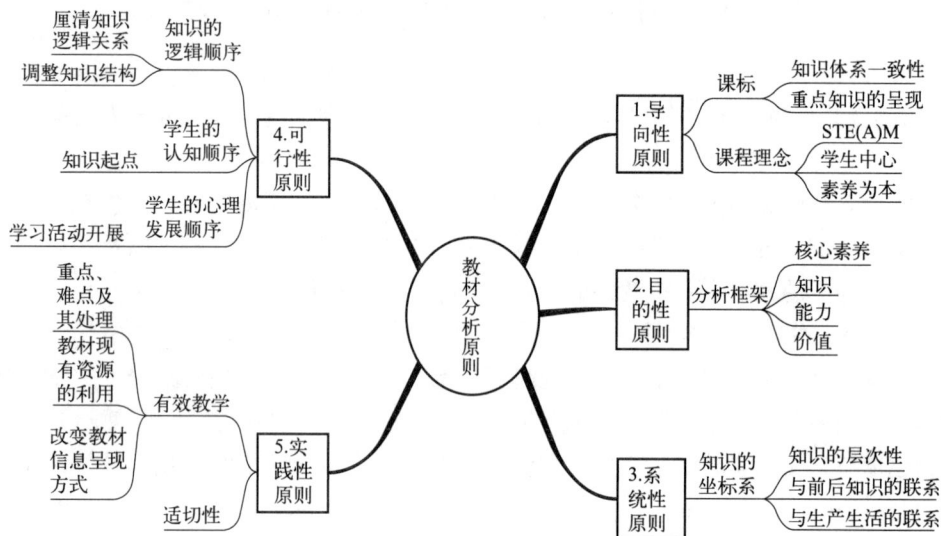

图 2-1　中学化学教材分析原则

1. 导向性原则

中学化学教材是依据中学化学课程标准编写的，教材不仅展示了中学化学课程的知识体系，还展示了化学科学特质和课程育人价值。教材分析的导向性原则从以下几个方面体现。

（1）分析中学化学教材与课标的一致性。首先，要整理对比分析教材具体内容的知识体系是否与课标"课程内容—内容要求"中所列出的知识点保持一致，有没有漏掉知识点。其次，根据课标解析出教学重点后，从教材中所占篇幅和呈现方式上来分析教材对重点内容的编写。最后，分析教材中超出课标要求的拓展性知识，对拓展性知识有必要进一步分析其深度、广度。

（2）关注课程理念在教材中的落实情况，关注学生活动设计以及知识呈现方式的特色。例如，高中化学教材的 STSE 内容特点，教材中哪些内容引导学生关注人类面临的与化学有关的社会问题，培养学生的社会责任感、参与意识和决策能力；教材中的知识结构化设计特点；探究活动设计特点；教材如何展现课程内容的时代性和基础性；等等。再如，义务教育化学教材中的社会主义核心价值观、中华优秀传统文化如何融入教学内容学科特色，做中学、用中学、创中学怎么设计，"教、学、评"一体化下的教学习题设计特色，等等。

2. 目的性原则

根据目标导向原则，不同的中学化学课程目标指导下对中学化学教学内容的分析结果不尽相同。例如，在《义务教育化学课程标准》（2011 年版）中，课程目标从"知识与技能、过程与方法、情感态度与价值观"三个维度描述，相应地，对教学内容的分析也从这三个角度展开。

【讨论与交流】实施素养为本的中学化学课程，在解读教学内容时，从哪些角度展开？

资料卡片

化学学科能力

学科能力是一个多维多层的复杂系统，指学生顺利进行相应学科的认识活动和问题解决活动所必需的、稳定的心理调节机制，包括对活动的定向调节和执行调节机制。其内涵是系统化和结构化的学科知识技能及核心学科活动经验图式（稳定的学科经验结构）。化学学科能力模型如图 2-2 所示。

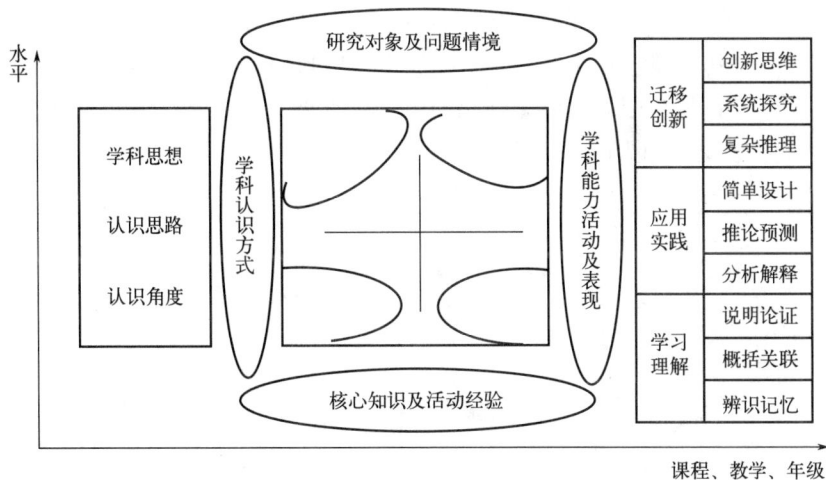

图 2-2 化学学科能力模型❶

化学学科核心素养的构成，由于学段不同，高中和义务教育化学课程不尽相同，但是教学内容均是围绕着化学观念、化学学科能力❷、必备品格和正确的价值观来展开，因此，对

---

❶ 王磊. 学科能力构成及其表现研究——基于学习理解、应用实践与迁移创新导向的多维整合模型 [J]. 教育研究，2016，440（9）：83-92，125.
❷ 王磊认为，化学学科能力包括学习理解能力、应用实践能力、迁移创新能力三个一级维度，包括说明论证、简单设计、复杂推理等九个二级维度。

教学内容的分析从知识、能力、价值、素养四个维度来分析，达到五育并举、三全育人的目的。教材分析框架如图 2-3 所示。

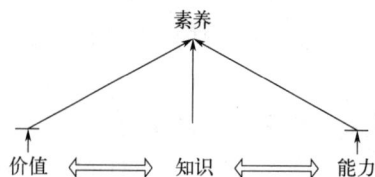

图 2-3　核心素养视角下中学化学教材分析框架

【案例分析】"利用铁及其化合物之间的转化可以解决许多实际问题，如铁及其化合物的制备、亚铁盐溶液的保存等，来满足人们生产活动和日常生活的需要。"根据图 2-3 解析这段内容。

3. 系统性原则

在对任何的教学内容展开分析时，不能把这部分内容看成一个孤立的、独立的个体。用系统论的基本观点去认识和解决教学实际问题，解析教学内容在中学化学课程中的地位与作用以及与前后知识、与其他学科、与生产生活的关系，准确描画教学内容的坐标系。找出局部与整体的关系，分析知识的层次性，解读教学内容的学科价值。

【案例分析】人教版必修课程中"原子结构"，主要包括核外电子的排布、原子结构对元素化学性质的影响、根据原子结构推断原子在周期表的位置以及预测元素性质，形成"位—构—性"的学科观念。在初中，学生学习了原子由原子核和核外电子构成，了解了 1~18 号原子的原子核外电子排布式，初步学习了最外层电子数目影响着物质的性质；在选修课程中，学生需要进一步从定量的角度分析原子结构对元素性质和化学键的影响。据此画出的人教版必修课程中"原子结构"知识的坐标系如图 2-4 所示。

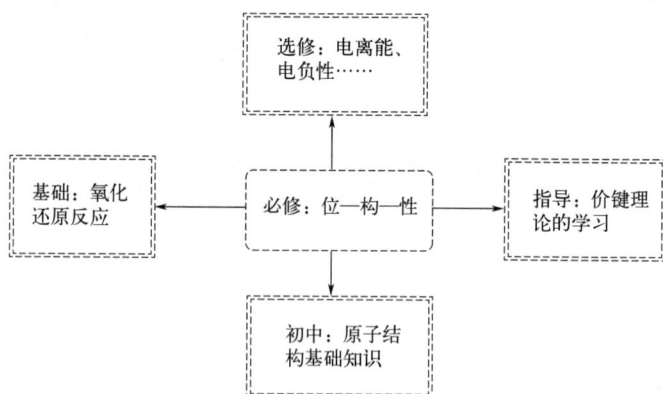

图 2-4　必修课程中"原子结构"知识的坐标系

【练一练】画出必修课程"铁及其化合物"知识的坐标系。

4. 可行性原则

一般来说，教材编写需要遵循知识的发展顺序、认知顺序、学生的心理发展顺序，简称

"三序"原则。同理，分析教材时也需要解读三序。

一是知识的发展顺序，也就是分析教材所表达的"序列"中，各知识内在的逻辑关系是怎样的，教材所展示的"序列"是否符合知识发展的逻辑关系，如果不符合，为什么？需不需要调整？怎样调整？

二是学生的心理认知顺序，也就是具体的教学内容所需要的知识基础，学生从原有的书本知识来，还是生活经验获得？需不需要教师探查学生的知识基础，或者根据新授知识体系的需要，提供学习资料来支持课堂教学活动的开展？

三是学生的心理发展顺序，即学生的能力基础。课标要求聚焦核心素养的发展，转变育人方式，从"学生中心"出发，设置多样化的学生活动，注重启发式、探究式、项目式教学，开展多样化的探究活动。根据知识特点设计学生活动或者根据教材编写的活动开展教学，需要关注学生的能力基础。例如，要开展实验探究活动，那么学生原有的科学探究素养水平是教学中开展学生活动设计的基础。

【练一练】某教材设计的"钠与水的反应"中实验现象和结论的编写如表2-1所示：

表2-1　"钠与水的反应"实验现象与结论

实验步骤	实验现象	实验结论
步骤1：		
步骤2：		

试分析，学生完成这样的学习要求，需要哪些能力基础？

5. 实践性原则

经过对课标、知识体系、学情分析后，还需要遵从实践性，从有利于学生学科理解、降低学习难度的角度，对教材中重难点的处理、教学资料的利用等做进一步优化。

（1）教材对重难点的处理策略。一般来说，教材编写中都会关注教学重难点知识的处理，但这需要使用者（教师）具备解读相关知识教学策略的能力。例如，针对物质结构（如甲烷分子空间结构）抽象的难点，教材一般都会通过文字描述、模型（结构模型、分子结构式）等多种表征来降低学习难度。再如，影响化学反应的速率，宏观层面一般结合实验，从溶液颜色变化、生成沉淀快慢等不同角度进行观察，微观角度给出化学反应前后分子个数的变化等图示。

（2）教材现有资源的利用。例如，教材中的图片、活动栏目的设计等，均是教材编写耗费精力比较多的地方。一般来说，教材的图片不仅是图片更是承载了无法言说的情感态度价值观的引导，而教材中的活动栏目对教学方式和学习方法的引导很明显，承载着学科能力的培养。

（3）知识的呈现方式优化，知识的呈现方式不仅和化学知识内容相关，在实际教学中也和学情有关。需要结合具体的情况分析，如将文字转化为表格，将陈述性的表达转为疑问式的表达，将文字转化为探究实验，或者将开放式探究活动转化为半开放的探究，等等。

（4）教学资源的有效利用，除了师生共同使用的教材，教学材料还有其他不同版本的教材、各类网络资源、教学参考资料等，但是根据教材分析进行教学设计，不能脱离学生的实际情况，以适切性为本整合教学资源，提升有效教学质量。

二、教材分析水平

（一）教材分析能力

中学化学教材是化学课程的物化形态与文本素材，是实现高中化学课程目标、培养学生化学学科核心素养的重要载体，是主要的教材资源。分析中学化学教材，也就是要分析：理解课程标准，即分析化学知识及其目标达成标准、学业要求及评价标准；分析知识体系特征，即结合教材编写序列，分析各知识之间的逻辑关系，明确教学重点；分析教材编写特点，领会教材的编写意图，即结合教材中知识的呈现方式，分析知识特点，确定教材中要培养的学生能力及价值观；分析教学目标，分析学生的知识基础和能力基础，找出教学难点，即结合教材编写特点，选择合适的教学策略，确立重点发展的化学学科核心素养，确立科学合理的教学目标。

教材分析能力是化学教师（在职或职前）在开展教学活动之前，依据课程标准，结合知识特点、教材编写特点、自身经验及学情创新性使用中学化学教材的能力。

（二）教材分析能力的进阶

教材分析是进行教学设计和实施教学活动的前提，树立科学的教材观，将教材看作重要的教学资源之一，从"用教材教"的角度审视教材，准确地把握教学内容的深度、广度，结合学情灵活运用和处理教材，才能使教材的使用更加符合教学实际，让教材为教学活动服务。从职前教师到熟手教师，教材分析能力发展一般经过从无意义分析到学科理解分析，再到系统分析，直到创造分析的过程。各层次内涵及其表现如表 2-2 所示。

表 2-2　中学化学教材分析能力发展路径

发展水平	内涵	表现形式
水平 1 直感分析	教材是权威，单纯从化学学科知识解读理解化学教材，不理解教材知识编写特点和意图	不解读课标； 字面解读教材，照抄照搬教材呈现的内容； 简单模仿别人
水平 2 学科理解分析	能基于课程标准和化学学科思维解读教材知识体系特点、教材编写特点	有根据课标分析教材的意识； 从化学学科核心素养发展和化学课程目标角度分析教材编写意图； 理解知识体系逻辑关系，并能做一定的调整
水平 3 系统分析	能结合教育学、心理学理论、学科教学知识来系统解读教材	理解教材的编写特点，如电解质的编写，为什么教材先呈现例证，理由是什么？ 理解教材的编写意图，解读隐性的知识、素养发展、能力提升和价值塑造目标； 能根据知识特点和学情判断教材中知识的呈现是否适用，适当调整教材中知识的呈现形式
水平 4 创造分析	能根据课程理念或教育教学理论，发现教材编写的不足并创新、创造性利用教材	根据教育教学理论发现教材编写的不足，如例证的设计是否满足由易到难、变式、指导持续消退的要求； 根据课程新理念转变教学内容的设计形式，如开展研究性学习将教学内容设计为微项目； 丰富课程资源，如参考优质教学视频和不同版本教材

教材分析能力通过实践也只能在实践中不断提升，只从化学学科知识层面解读教材是片面的，而依靠教学经验来解读教材，教材分析能力提升有限。从系统理论出发，借助教育教学理论的指导，结合课标要求全面且准确地解读教材，保持终身学习的态度，不断提升理论水平和实践能力，持续反思并改进在教材分析中的盲点和不足，提升中学化学教材研读能力，精进教学实践能力。

【案例分析】钠在空气中燃烧反应，人教版教材的文本叙述"将一个干燥的坩埚加热，同时切取一块绿豆大的钠，迅速投到热坩埚中，待融合后立即撤掉酒精灯，观察现象"。试解析这段文字表述蕴含的知识、能力、价值观和化学学科核心素养。

解析：（1）知识：显性，钠与氧气的反应、实验仪器及其操作；隐性，钠在空气中极易氧化，钠的熔点低，异常实验现象。

（2）能力：显性，观察能力；隐性，证据推理能力。

（3）价值：显性，实验操作规范；隐性，安全意识、严谨求实。

（4）素养：显性，宏观辨识；隐性，证据推理。

【练一练】分析人教版高中化学必修第一册第三章第一节"铁及其化合物"中的"铁的氧化物"内容，评价并反思自己在教材分析中需要发展和培养哪些方面的能力。

【研究性学习】阅读文献《指向"证据推理与模型认知"的教学设计——以"原子结构模型的演变为例"》[1]，解析文献中指出教材编写有何不足、学情特点是什么？作者根据课标，针对这些特点和不足做了哪些改进？说说你有什么收获。

第二节　中学化学教材分析

一、中学化学教材分析方法

教材的结构包括宏观结构和微观结构两个层面，教材的宏观结构为"册—单元—节"，微观结构即具体知识的呈现形式，一般包括"文本+图片+栏目+助读系统"等形式。

例如，人教版高中化学必修课程教材宏观结构为"2册—8章—22节"，苏教版高中化学必修课程教材宏观结构为"2册—9专题—27单元"。可见，不同版本的教材对教材宏观结构的设计和编排不尽相同。同理，同样课程内容的微观结构，不同版本教材的安排也有差异。例如"物质的量"，人教版将其安排在必修第一册第二章第三节的位置，内容以"文本+栏目（资料卡片）"形式呈现；鲁科版教材安排在第一章第三节的位置，内容以"文本+图片+栏目（联想、质疑、资料在线）"形式呈现；苏教版教材放置在专题一的第二单元，内容以"文本+栏目（目标预览、温故知新、学以致用）"形式呈现。从物质的量的不同教材微观结构可知，教材微观结构的设计各有特色。因此，对教材的宏观和微观层面的分析有助于更好地理解课程目标，提升教学实践能力。

[1] 周正祥，杨玉琴.指向"证据推理与模型认知"的教学设计——以"原子结构模型的演变"为例［J］.化学教育，2018，39（23）：25-30.

（一）中学化学教材分析层次

为了在教学中做到胸有成竹，清楚了解中学化学教材编写特点、知识特点和教学重难点，结合教学活动开展的不同阶段，从宏观、中观、微观3个层面展开分析。

（1）宏观分析。在每一个学段或者高中不同课程模块开课之前展开。从学段的角度来看，中学化学课程一般从义务教育九年级开始设置，只有义务教育化学课程和普通高中化学课程两个学段，教师需要在初三化学课程或者高一课程实施之前，了解中学化学课程整体结构，完成学段教学任务分配等工作。对高中化学课程任一课程模块来说，开课前都需要解读这一模块教材知识体系结构特点和课程目标。这两种分析均属于宏观分析。

（2）中观分析。主要是针对教材中的任一章展开的分析，教师在开始每一新单元教学之前，了解这一单元知识内容及体系结构及教材编写特点，结合课标和学情找出教学重难点，分析重点发展的化学学科核心素养，预估教学所需时间，预设教学目标，并根据知识特点选择教学策略。

（3）微观分析。微观分析是针对教材中具体的教学内容展开的，小至教材中的图片、一段文字或者栏目的分析，也可以是一节微课或者通常意义上的一节课（45分钟左右），大到教材中的节内容的分析，通过分析了解具体知识内容及体系结构，教材编写特点和知识呈现方法，分析教学重难点，分析重点发展的化学学科核心素养，优化教学内容，预设教学目标。

（二）中学化学教材分析框架

从宏观、中观、微观3个层次出发，解读每一个层面的分析范围、分析目的、具体分析内容，中学化学教材分析框架如表2-3所示。

表2-3　中学化学教材分析框架

项目	宏观	中观	微观
范围	①整套教材； ②任一课程模块的教材	①任意一章的内容； ②章内各节知识的逻辑关系	①任意一节的内容； ②教材任意教学片段内容
目的	①了解化学课程功能和学段化学课程目标； ②了解任一课程模块教材的体系特点结构及章之间的逻辑关系； ③了解化学教材的外部联系	①了解一章功能和地位，以及各节知识之间逻辑关系； ②了解一章的知识体系及教学重难点； ③了解重点发展的化学学科核心素养	①了解教学内容的功能和地位； ②了解知识之间逻辑关系及特点； ③了解编写特点，选择恰当的教学方法和教学策略； ④确定重点发展的化学学科核心素养和教学目标
内容	①分析课程标准前言和课程目标、教材序言、国家教育人才政策； ②了解每一册教材知识特点、教学重难点； ③分析任一课程模块教材章之间的逻辑关系	①分析本章教材编写的课标依据和要求； ②分析本章蕴含的STSE知识、方法论知识、育人特点； ③分析本章学习起点、教学重难点，选择合适的教学策略	①对比分析课标和教材编写的吻合度，分析知识的地位和作用、前后知识联系； ②分析知识之间的逻辑顺序，找出知识的生长点、教学重难点，确定重点发展的化学学科核心素养； ③分析知识的呈现方式蕴含的STSE知识、方法论知识、育人特点； ④分析教学目标和选择教学策略

从表 2-2 可以发现，做教材分析时需要注意如下 4 点。

（1）课标是分析中学化学教材的依据。

课标是教材编写和开展教学工作的依据，也是指导教师开展教材分析的纲领性文件。不论是教材的宏观、中观还是微观分析，离开课标的指导，教材分析结论缺乏科学性和可信度。

（2）重视分析教材编写的逻辑关系。

在宏观分析中，需要解读各章之间的逻辑关系，为教学策略的选择提供支持；在中观分析中，需要分析各节之间的逻辑关系，解析教材将教学内容设置先后的认知逻辑，为教师的内容选择、活动设计、教学评价提供参考；在微观分析中，教师需要解释一节课中各知识点的逻辑关系，增强教学内容的逻辑性，为每一个知识点向下一个知识点过渡提供学科逻辑支持。

（3）深刻理解学科课程育人价值。

理解中学化学课程独特的育人功能，注重课程教学的思想性，解析化学课程内容所蕴含的社会主义核心价值观、中华优秀传统文化、科学态度与社会责任元素，通过化学课程学习培养学生适应终身发展和社会发展所需的正确价值观、必备品格和关键能力，实现"立德树人"的根本任务。

（4）核心素养视角下教材分析的全面性。

理解化学学科核心素养的内涵，掌握中学化学课程育人方法和策略。在解读教材时，结合具体教学内容特点，挖掘课程思想性、学科观念、科学思维、实践能力资源，将知识学习、能力发展与品德养成相结合，合理设计育人目标、主题和内容，有机开展养成教育，进行综合素质评价，体现教书与育人的统一。例如，在"硫及其化合物"的学习中，将环境保护贯穿整个教学过程。

二、中学化学教材的宏观和中观分析示例

（一）人教版高中化学教材宏观分析

【文献阅读】阅读文献《融合学科核心素养的高中化学教科书编制-简析人教版〈普通高中化学教科书·必修〉的变化特点》❶，思考并回答下列问题。

（1）人教版高中化学教科书属于哪类教材？

（2）人教版高中化学必修课程教科书与高中化学必修课程 5 个主题是什么关系？

（3）人教版高中化学必修课程教科书体系有何特点？

教材的种类和册数与课程结构密切相关。教材的种类有基于化学学科知识为中学的"学科中心"教材，也有基于学生的生活经验，重视化学与技术和社会发展的"社会中心"教材，也有基于"学生活动"的"学生中心"教材，还有基于做中学等的"活动中心"教材。高中化学必修课程是在义务教育基础上为全体学生开设的课程，属于全选全修的课程，高中化学必修课程设置 5 个主题，教材的编写兼顾化学学科知识逻辑、社会生活经验、学生活动设计等，是多中心融合的教材。

---

❶ 王晶. 融合学科核心素养的高中化学教科书编制-简析人教版《普通高中化学教科书·必修》的变化特点 [J]. 中学化学教学参考，2019（9）：1-4.

1. 体系结构框架

教科书的体系结构，由教学内容的知识结构、技能结构、能力结构和科学过程结构经过科学排列、整合后构成。[1] 教材的体系结构体现着多层次的综合因素，如课程理念、知识的逻辑关系、教学规律、学生认知规律等。可以说，体系结构，是化学教材的关键和命脉[2]。在教材中，通过章节或单元课题体现体系结构框架，通过文字、栏目、图表等形式体现内容结构，共同构成完整的体系和内容结构。人教版化学必修课程有 8 章内容，2 册，每一册由 4 章组成，共同构成必修阶段的教材体系，人教版高中化学课程体系结构如表 2-4 所示。

表 2-4　人教版必修教材体系结构

主题序号	高中化学必修课程主题	第一册	第二册
主题 1	化学科学与实验探究	"化学科学与实验探究" 分散到各章内容中	
主题 2	常见的无机物及其应用	第一章　物质及其转化 第二章　海水中的重要元素——钠和氯 第三章　铁　金属元素	第五章　化工生产中的重要非金属元素
主题 3	物质结构基础与化学反应规律	第四章　物质结构　元素周期律	第六章　化学反应与能量
主题 4	简单的有机化合物及其应用	无	第七章　有机化合物
主题 5	化学与社会发展	各章内容均涉及 "化学与社会"，第八章是 "化学与可持续发展" 的集中体现。	

人教版高中化学课程必修教材有两册，2019 年版的高中化学必修课程教材，相对于 2004 年版的高中化学必修教材，课程理念、体系结构（特别是无机元素化合物）有了较大的变化。从课程理念，突出了核心大概念对元素化合物知识学习的统领和统摄作用；从体系结构来看，将无机元素化合物知识一部分放在元素周期律知识前面，另一部分放在后面。体现了以 "继承、发展、创新" 为教材编写基本指导思想。基于化学学科核心素养的发展，从核心大概念出发，构建出化学教科书的体系的基本框架，如图 2-5 所示。

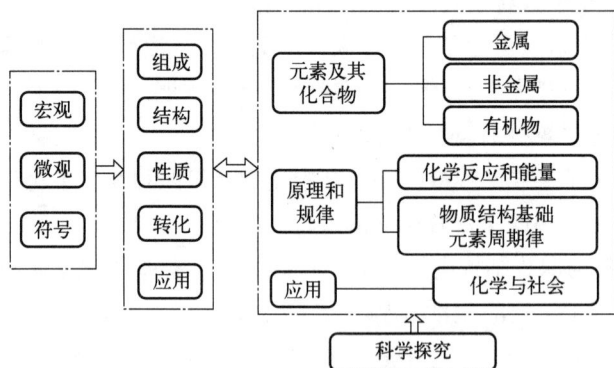

图 2-5　人教版高中化学必修课程教科书的体系基本框架[3]

[1] 何少华，毕华林 . 化学课程论［M］. 南宁：广西教育出版社，1996：51.

[2] 王晶 . 高中化学教材的研究和编制［J］. 中学化学教学参考，2009（1）：3-6.

[3] 王晶 . 融合学科核心素养的高中化学教科书编制-简析人教版《普通高中化学教科书·必修》［王晶 .］的变化特点［J］. 中学化学教学参考，2019（9）：1-4.

教科书具有"教学属性",教科书的体系,既体现学科知识的逻辑关系,又需要遵循学生的认知发展规律。人教版高中化学必修课程教科书的体系结构充分考虑了学生的化学基础和生活体验,既方便教师开展教学,也适合学生自学使用。

2. 体系构建的特点

（1）突出学习进阶。

首先,教材的第一章建构了分类观,从宏观建构了"基于物质类别和基于元素价态"的物质转化和化学反应分类观,指导第二章和第三章的"钠及其化合物、铁及其化合物"元素化合物知识的学习。

其次,第四章基于"结构决定性质,性质决定用途"的观念,建构"位—构—性、价键理论",从物质微观结构和宏观组成的角度指导第五章"硫、氮及其化合物"的学习,用"价键理论"指导第六章"化学反应与能量"学习,用"价键理论和官能团"指导第七章"有机化合物"的学习。

最后,突出化学学科特质和课程育人价值。化学实验方法和化学课程育人这两条线,一直贯穿始终,丰盈化学概念原理及元素化合物知识的学习。

（2）突出三序。

教材单元序列的安排符合学生认知发展顺序,第一章的宏观视角到第四章的宏观加微观视角,再到第六章和第七章的微观视角观察化学变化,逐步提升思维能力。

重视不同层次的衔接。首先,第一章中物质的分类、元素的价态都是初中化学课程中的原有知识,通过整理初中化学课程中的物质分类知识建立分类观,从初中的得失氧过渡到元素价态变化建立氧化还原反应核心概念,指导元素化合物性质和转化知识的学习。其次,原子结构、元素周期律、化学反应速率与限度等在设计上也加强了衔接,如化学反应速率影响因素的探究实验设计（表2-5）。

表2-5 人教版教材必修和选择性必修课程衔接性编写特点

药品	因素	教材
5%H_2O_2、$FeCl_3$	温度	人教版高中必修第一册
5%H_2O_2、$FeCl_3$	浓度、温度、催化剂	人教版高中选择性必修1

（3）逐步凝练学科思维,在第三章和第四章依托典型金属元素初步建构基于"价—类二维思维模型"研究物质的基本思路,第五章依托典型的非金属元素,从物质结构和物质分类角度完善研究物质性质及其变化的多维视角,不断凝练学科思维,提升实践能力和创新意识。

（二）中学化学教材的中观分析

【提示】中观分析内容包括:

（1）分析一章中各节知识之间逻辑关系及其功能。

（2）分析章、节中已学习知识点,分析重点、难点。

（3）分析教学目标中的知识目标。

（4）分析在这些知识点里蕴含的其他STSE、方法论知识、素养目标。

【案例分析】人教版第五章　化工生产中的重要非金属元素

1. 本章地位

（1）章引言分析：在引言中，以问题的形式呈现第五章主要学习内容，即"怎样研究非金属元素及其化合物的性质和物质间的转化"，也明确了本章的核心知识是"非金属元素及其化合物的性质和物质间的转化"，核心观念是"转化观、变化观、结构决定性质"等，学习本章知识的视角和思路是"从物质类别和元素价态研究元素及其化合物的性质和用途"，本章知识的价值在于"工业上利用这些转化关系，通过控制条件等方法，遵循生态文明思想，可以获得相应的化工产品，实现环境保护与资源利用的和谐统一"。

（2）本章知识地位和作用。本章内容安排在原子结构与元素周期律学习之后，具体知识包括硫、氮等非金属元素及其化合物的相关性质，硫酸、硝酸和氨的工业生产原理，重要的无机非金属材料等。根据硫和氮在元素周期表中的位置，利用原子结构与元素周期律的相关知识，以及氧化还原反应、离子反应的理论知识，认识和学习硫、氮的单质及其化合物的性质。以硫酸和硝酸的工业生产原理为背景知识，从物质类别和元素价态角度认识物质间的转化，采用实验探究的方法学习物质的性质并实现物质间的转化。本章内容一方面突出物质间的相互转化，帮助学生认识物质及其转化的重要价值，形成变化观念；另一方面，教材通过应用原子结构与元素周期律的知识，预测和推断元素及其化合物的性质，引导学生从物质类别和元素价态的视角，通过实验探究来认识非金属元素及其化合物的性质，帮助学生形成认识非金属元素及其化合物的基本思路和方法，同时进一步加深学生对"结构决定性质"化学观念的理解。

2. 本章知识体系结构及其特点

结合人教版教材中知识的呈现方式，"化工生产中的重要非金属元素"内容设计依据高中化学课程标准的必修课程"课程内容"的主题1、主题2、主题3、主题5。

1.3　学习研究物质性质，探究反应规律，进行物质分离、检验和制备等不同类型化学实验及探究活动的核心思路与基本方法。

2.1　认识同类物质具有相似的性质，一定条件下各类物质可以相互转化；认识元素在物质中可以具有不同价态，可通过氧化还原反应实现含有不同价态同种元素的物质的相互转化。

2.5　结合真实情境中的应用实例或通过实验探究，了解氮、硫及其重要化合物的主要性质，认识这些物质在生产中的应用和对生态环境的影响。

2.6　结合实例认识非金属及其化合物的多样性，了解通过化学反应可以探索物质性质、实现物质转化，认识物质及其转化在促进物质文明进步、自然资源综合利用和环境保护中的重要价值。

3.1　体会元素周期律（表）在学习元素化合物知识中的重要作用。

5.3　结合合成氨、工业制硫酸、石油化工等实例了解化学在生产中的具体应用，认识化学工业在国民经济发展中的重要地位。

5.4　认识物质及其变化对环境的影响，依据物质的性质及其变化认识环境污染的成因、主要危害及其防治措施，以酸雨的防治和废水的处理为例，体会化学对环境保护的作用。了解关于污染防治、环境治理的相关国策、法规，强化公众共同参与环境治理的责任。

结合教材编写，整合后的主要知识框架如表2-6所示。

表2-6 "化工生产中的重要非金属元素"知识框架

核心元素	氢化物←单质→氧化物→酸→盐					
S	H_2S	S	SO_2 SO_3	H_2SO_4	SO_4^{2-}	同一元素不同价态 物质的转化
N	NH_3	N_2	NO NO_2	HNO_3	NH_4^+	
Si	—	Si	SiO_2	H_2SiO_3	SiO_3^{2-}	—
核心观念	结构决定性质、变化观、转化观					

解析：课程内容中的事实性知识较多，穿插其中的程序性知识和元认知知识综合性较强。从教学目标分析，"氮、硫及其重要化合物的主要性质、这些物质在生产中的应用和对生态环境的影响"等事实性知识的要求大部分处于记忆和理解层次；程序性知识包括硫酸根离子和铵根离子的检验及氨气的制备，属于运用和分析层次；元认知知识指不同价态元素物质的相互转换，属于评价和创造层次。

从表2-6中我们可以发现，本章知识体系有以下特点。

（1）各节知识逻辑关系。

本章主要引导学生基于"物质的类别、元素价态、物质结构"预测并认识硫、氮、硅等元素及其重要化合物等物质的物理性质和化学性质，并能从物质间的转换关系设计制备物质的思路和方法，通过自主学习重要非金属元素及其化合物性质，提升化学科学研究能力，最终达到提升学生化学核心素养的教学目的。

第一节主要从S、SO_2、H_2SO_4 3种物质出发，引导学生主要根据物质类别、硫元素价态变化预测物质性质并设计实验验证，通过设计实验探究不同价态含硫物质的转换提升实验设计能力。第二节从 NH_3、N_2、HNO_3、铵盐主线层层递进，从物质类别、氮元素价态变化、N_2和 NH_3 的结构等角度展开物理性质、化学性质的学习。前两节均拓展了主要物质对环境的影响及化工生产等内容，形成环境保护意识。第三节从工业用途的视角出发，介绍硅、碳的相关化合物在生活中的重要价值，拓展学生的视野，帮助学生从化学角度更加深入地认识物质世界，形成认识物质及其转化对促进社会文明进步的积极作用。

（2）知识重难点分析。

已学知识：酸性氧化物的性质（前概念促进 SO_2 的性质学习、不利于 NO_2 的性质学习），氧化还原反应（预测物质的氧化性、还原性）、元素周期律和化学键（预测元素性质、物质性质。例如，从最外层电子数可知氮元素具有较强的非金属性和一定的金属性，可以预测高价态的含氮物质可能具有较强的氧化性；从 N_2 分子的三键结构可预测氮气性质很稳定）。学生具有这些基础知识，但缺乏结合具体物质的迁移应用能力。

重点：硫、氮、硅的单质及其化合物的性质；不同价态含硫、氮物质的相互转换；环保意识。

难点：从物质类别、元素价态、物质结构的角度预测物质的性质及其转换；根据物质性质设计相应实验。

3. 核心素养发展与学业要求

根据课标要求、教材设计的大量探究性实验可知，这一章主要发展的核心素养包括宏观辨识（物质类别、元素价态）和微观探析（原子结构、电子转移能力）、变化观念（不同价态的相互转换）、证据推理（实验现象或者预测物质性质）与模型认知（价—类二维模型）、科学探究（探究实验）和创新意识（实验方案设计）、科学态度与社会责任（环保意识）等。这些重点发展的核心素养在学业要求中体现如何呢?

【讨论与交流】根据表 2-7，思考下列问题:

（1）学业要求与学生核心素养发展的关系是怎样的?

（2）学业要求中的行为动词有哪些? 根据学业要求中的行为动词，解读重点考查的内容。

（3）对比这一章的学业要求与课标目标，从知识点、考查层次的角度分析二者的关系。

（4）根据以上对课标、重难点、化学核心素养的分析，试着确定这一章的教学目标。

表 2-7 "化工生产中的重要非金属元素"核心素养发展和学业要求

素养维度	核心素养发展重点	学业要求
宏观辨识与微观探析	从实验现象归纳物质及其变化类型，能用化学符号说明常见物质及其变化	1. 能列举、描述、辨识典型物质重要的物理和化学性质及实验现象。 2. 能依据物质类别和元素价态分别列举含硫元素、氮元素的典型代表物质
变化观念	能根据物质类别和元素价态实现物质转化	能从物质类别和元素价态变化的角度，设计含硫物质、含氮物质的转化路径
证据推理与模型认知	1. 能利用电离、离子反应、氧化还原反应等概念对观察和实验获得的现象进行解释。 2. 价—类二维模型	1. 能利用电离、离子反应、氧化还原反应等概念对常见的反应进行分类和分析说明。 2. 能从物质类别、元素价态的角度，预测硫及其化合物、氮及其化合物的化学性质和变化
科学探究与创新意识	实验设计、实验方案优化	能利用二氧化硫、氨、硫酸根和铵根的性质和反应，选择适当的实验试剂，设计检验二氧化硫，检验溶液中硫酸根和铵根等离子及实验室制取氨的实验方案
科学态度与社会责任	结合真实情境中的应用实例，认识物质在生产中对生态环境的影响	能说明常见元素及其化合物的应用对社会发展的价值及对环境的影响。分析实验室，工业生产及环境保护中的某些常见问题。 能说明硫及其化合物、氮及其化合物的应用对社会发展的价值和影响，能有意识地运用所学知识或寻求相关证据参与社会性议题的讨论

【练一练】画出人教版必修第一册第一章"物质及其变化"的知识结构图，结合课标分析知识基础、教学重难点及教学目标。

第三节 中学化学教材微观分析

一、教材微观分析维度及模式

中华人民共和国成立以来，国家的课程改革、教材建设取得了很大成就，教材编写理念发生了变化：一是从学科本位转向知识综合和实践能力整合；二是从难、繁、偏、旧的书本知识转向关注学生的兴趣和能力培养；三是以教师的教为中心逐渐转向以学生的学为中心；四是从选拔性评价转向过程性评价；五是教材呈现形式越来越丰富多彩、多元化。教材是国家事权，世界上所有的国家概莫能外，从意识形态的维度加强国家对教材的整体规划和管理，非常必要也非常重要。[1] 2021 年教育部制定并印发《革命传统进中小学课程教材指南》《中华优秀传统文化进中小学课程教材指南》，指导中小学课程教材系统、全面落实革命传统、中华优秀传统文化教育。

王晓丽在《国外教材评价：基本特征、发展趋势及启示》[2] 一文评价到，国外教材的评价具有"先进的评价理念、坚实的理论基础"两个特征，其中提到"好的教材应该能够反映全球发展趋势和人才培养的时代要求，符合相关学科课程标准和国家课程政策的要求，引导学生放眼社会，还要注重过程方法，培养情感态度价值观，引导教材发展完善。如国外教材评价涉及学习策略、学习活动设计、学生兴趣和需要；加拿大安大略省教材审查重视教材的教学和评价策略，认为教材内容应该支持多样的教学策略和学习方式；基于社会学理论的教材评价通常关注教材内容的思想性和政治性；教材评价应该包括跨文化知识和理解、文化意识、文化表征等方面。"毕华林在《教材功能的转变与教师的教科书素养》[3] 一文中概括了教材具有"提供学生学习的范例、促进学生学习方式的转变、促进学生科学价值观[4]的形成、引导学生进行自我反思与评价"等功能。认为教师应该具备的教材观包括：从"教本教材"向"学本教材"转变、从"唯一课程资源"向"重要课程资源"转变、从"教教材"向"用教材教"转变。

近年来国内外有关教材分析、教材评价的理论和实践所取得的成果，给教材微观内容的分析提供了理论指导和实践参考。通过上述分析，我们发现对教材微观内容的解析，不仅有学科知识的解读，还有课程育人内容的挖掘，也有学习活动设计等内容的分析。提供对文本、图片、栏目等内容的全面分析，整体解构教学内容，为教学设计和教学实践活动的开展奠定坚实的基础。

1. 教材微观结构内涵

【案例分析】下面以苏教版一段内容为例展开有关教材微观结构内涵的讨论。

---

[1] 韩震.教材编写的意识形态维度 [J].课程·教材·教法，2019，7（39）：9-13.
[2] 王晓丽.国外教材评价：基本特征、发展趋势及启示 [J].课程·教材·教法，2019，9（36）：107-113.
[3] 毕华林.教材功能的转变与教师的教科书素养 [J].山东师范大学学报（人文社科版），2006，1（51）：1-4.
[4] 价值观是指一个人对自身及其与自然、社会和他人之间关系的整体认识。科学的价值观主要表现为对自然的关爱、对社会的责任感以及善于合作、积极进取的科学态度等。科学价值观的形成需要以一定的知识为载体，让学生在实践活动中体验人与自然、社会和谐发展的重要性。

工业上对氯气的需求量很大,大量生产氯气不仅要求原料易得,而且价格也是必须考虑的重要因素。因此地球上巨量的海水就成为了制备氯气首选的原料。19世纪科学家发明了电解饱和食盐水制取氯气的方法。为工业制备氯气奠定了基础,如今工业生产氯气主要是通过海水晒盐得到粗盐,除去杂质后电解氯化钠饱和溶液来制备。

观察思考

1. 按图3-3所示装置进行电解饱和实验室实验模拟工业制备氯气……

2. 请根据实验现象判断电解饱和食盐水得到了哪些产物?你推断的依据是什么?

——选自苏教版(2020年版)高中化学必修第二册59页

请思考后回答以下问题:

(1)化学学科知识有哪些?

(2)教材对内容的呈现形式有几种?

(3)教材在编写中设计了什么学生活动?这样的学生活动要求教学活动的开展采取哪些教法和学法?

(4)教材中有哪些关于社会责任和科学态度的描述?

解析:这段文字包含的学科知识有氯气的工业制备方法、电解饱和食盐水的装置。

教材的呈现形式有:文本、图片、演示实验。

学生活动:观察实验、讨论交流,教师可以采取的教法有实验演示、启发式教学,学法有自主学习、合作学习等。

有关社会责任和科学态度的描述:自然资源丰富、氯气工业生产实验需要的严谨求实态度、科学家发明的方法对社会发展的积极影响等。

通过以上案例分析,我们发现,在教材分析中,会出现这样或那样的问题,归根结底,是对教材的结构、课程育人特点、课程意识形态建设等内涵不够了解造成的,教材的结构包括物理形态(显性)和文化建构(隐性)两部分,在教材中,通过章节或单元课题体现体系结构框架(内容序列),通过文字、栏目、图表等形式体现内容结构,共同构成完整的体系和内容结构。

【试一试】根据表2-8分析人教版高中化学必修第一册"铁盐和亚铁盐"的物理形态和文化构建内涵。

表2-8 教材微观内涵及分析要求

维度	内涵	教师解析能力要求
物理形态	对学科概念的表征(化学学科知识); 对学习任务的表征(栏目中发布的学习要求); 对内容序列的表征(知识顺序,教材文本中的标号)	1. 需要有识别、分析、解构这些表征的能力; 2. 针对学生的实际情况调整教材结构
文化建构	教材通过文字、图片等表达的思想内涵可以被看作课程文化建构的重要组成部分,有着促进、拓展、约束人类活动的潜力,例如赞赏侯德榜先生的实业报国的爱国主义情操,约束对环境的污染行为	清楚知道化学课程育人视角和方法,能解构教材中表征的思想,并转化到现实课堂教学情境中

2. "层次—类别"二维教材分析模型（表2-9）

根据课标，教材中任意自然节内容或者教师实际教学中一节课的内容或者任意教学片段的分析均属于教材的微观分析。结合教材微观结构及其内涵，教材微观分析从内容上来看，包括课标分析、教材分析、学情分析、教学方法分析、教学目标分析等内容：

（1）解读课标内容，分析这部分知识的地位、作用及前后知识联系。

（2）整理教材中呈现的知识点（包括文本和活动栏目），对比课标分析二者的吻合度。

（3）分析知识之间的逻辑顺序，找出重难点，据此确定重点发展的化学学科核心素养。

（4）分析知识的生长点，找出教学难点，选择突破难点的教学策略。

（5）根据知识的呈现方式（文本未尽语言、图片编辑、活动栏目设计）分析隐性知识点、能力培养、价值观养成等内容，确立教学目标。

（6）对比不同教材（教学资料）对同一知识点的呈现方式，选取有利于学生理解、降低学习难度的呈现方式。

通过分析，建构出"知识点+化学学科能力+育人价值+化学学科核心素养"四个维度的内容。在这几个维度中，知识点属于显性呈现的内容，但是，科学思维、学科能力、育人价值这几个维度，教材中有的以显性内容呈现，但更多的是隐性的，需要挖掘。

表 2-9 "层次—类别"二维教材分析模型

层次	维度			
	知识	能力	价值	素养
显性				
隐性				

二、教材内容微观分析

（一）文本分析方法（显性、隐性）

分析要素：知识+能力+价值+素养

【案例】试从"层次—类别"二维教材分析模型"分析以下文本。

再看以下反应：$Fe + CuSO_4 = FeSO_4 + Cu$

在这一反应中，铁元素的化合价从 0 价升高到 +2 价。铜元素的化合价从 +2 价降低到 0 价，这样的反应也是氧化还原反应。其中，物质所含元素化合价升高的反应是氧化反应，物质所含元素化合价降低的反应是还原反应。例如在 Fe 与 $CuSO_4$ 的反应中，铁发生了氧化反应，硫酸铜发生了还原反应。反应前后有元素的化合价发生变化，是氧化还原反应的重要特征。

——选自人教版高中化学必修第一册21页（2019版）

【提示】（1）教材通过铁和硫酸铜反应的例证，得出的知识点有：氧化反应、还原反应、氧化还原反应的判断依据分别是元素化合价升高、化合价降低、化合价变化；氧化还原反应的重要特征为化合价变化；氧化还原反应的双线桥模型。

（2）教材通过分析案例，展示了化学语言表达的规范与科学性，例如，铁元素的化合价从0价升高到+2价，铁发生了氧化反应，将化合价与元素联系起来、氧化反应与物质联系起来。

（3）这类教材文本分析中常见问题：①忽略教材中案例分析，对案例分析中的文字、双线桥模型的规范化表达不重视；②由于教材缺乏对知识序列的进一步表征，导致不能有效提取核心概念，这段文字中一般能提取的就是"反应前后有元素的化合价发生变化，是氧化还原反应的重要特征。"忽略对氧化反应、还原反应的判断；③教材由于篇幅所限，只有一个样例，并且缺乏学生学习任务的表征，职前教师如果按照教材设计开展教学，将缺乏知识巩固、迁移应用、学习评价反馈等环节。因此，需要增加样例，以多样化的样例达成知识巩固、能力培养的目标，同时依据课标的"学业要求"设置必要的学习评价活动。

【案例】分析文本"实验表明，干燥的氯化钠、硝酸钾固体不导电，但是，氯化钠溶液、硝酸钾溶液都能够导电。结合初中做过的物质导电性实验可知，盐酸、氢氧化钠溶液、氯化钠溶液都能导电，而且氯化钠、硝酸钾、氢氧化钠固体加热到熔融态以后也能导电。"从学生学习的角度，知识的呈现方式可以做怎样的转化呢？

解析：这段文字呈现了电解质概念形成前样例的多样性，编者希望学生能根据文字总结归纳出电解质概念。对于高一学生而言，这段文字的呈现过于平面化，我们可以采用立体结构来呈现这段内容，降低学习难度（表2-10）。

表2-10 采用立体结构呈现电解质概念

物质	状态		
	固体	熔融状态	水溶液
氢氧化钠			

【练一练】根据课标分析人教版"气体摩尔体积"文本设计有何特点？你对教学重点内容在教材中呈现是如何认识的？

（二）化学实验分析一般思路

化学实验的分析，同样包括了实验涉及的知识点、能力的培养、实验涉及的科学方法和情感态度价值观培养、化学学科核心素养培养等内容。

【案例】分析实验"氧气可以使带火星的木条复燃：把带有火星的木条伸到盛有氧气的集气瓶中，观察现象"。你能解读出哪些内容？

解析：（1）实验在教材中出现的位置，对实验仪器这个知识点有一定的影响。此实验位于义务教育化学课程人教版教材上册（2012年版）第二章课题2第一个实验，学生缺乏有关化学实验的先备知识，因此对实验的解读需要关注实验仪器及其实验、实验操作安全和规范、实验现象描述、实验结论等内容。

（2）这个实验的知识点包括：氧气的鉴别——氧气能使带火星的木条复燃，碳和氧气反应生成二氧化碳；集气瓶的使用；实验操作规范——集气瓶口上部的玻片只能移开不能拿开、带火星的木条不能接触集气瓶内壁；实验现象——带火星的木条复燃、反应放出热量、反应生成无色气体使澄清石灰水变浑浊。

（3）能力培养包括：观察能力、实验现象的语言描述能力（准确、科学、规范）。

（4）素质养成包括：实验规范操作、实验安全意识。

（5）化学学科核心素养包括：化学观念（化学变化有新物质生成，伴随能量变化）、科学思维（证据推理、物质鉴别）、科学态度与责任（实验安全）。

【练一练】分析实验"铁丝在空气中红热，在氧气中剧烈燃烧：取两根光亮的、尾部呈螺旋状细铁丝，一支在酒精灯火焰上灼烧；另一支灼烧至红热后迅速放入充满氧气的集气瓶中。观察现象"。你能解读出哪些内容？根据分析的结论完成表2-11。

提示：此实验在教材中的位置稍后于案例1，不需要再次解读实验仪器（集气瓶），因此实验分析的重点在实验操作、现象描述、实验结论、对照实验设计方法。

表2-11　铁丝与氧气反应的教学内容分析

层次	维度			
	知识	能力	价值	素养
显性				
隐性				

【案例】分析实验"钠在空气中燃烧：加热坩埚，然后取一小块钠，用滤纸吸干表面的煤油，用小刀切去表层，将黄豆大小钠投入热而干燥的坩埚中，观察现象，待钠开始燃烧后停止加热，继续观察现象"。你能解读出哪些内容？

解析：（1）仪器：实验中的坩埚、三脚架、泥三角等实验仪器，对高一学生来说比较陌生，因此需要分析，另外，图中没有出现的坩埚钳，学生一般会写错字，也是需要注意的。

（2）操作：这个实验的解读不仅需要关注实验安全，更需要解读操作要求中的隐性知识，例如切取绿豆大小的钠，包含了钠的硬度、实验安全等隐性知识点，再如将钠投入热坩埚，隐含了钠在空气中极易氧化等内容。

（3）异常实验现象的分析：钠在空气中极易氧化，将钠放到热而干燥的坩埚中加热时，导致钠表面出现一层白膜。同时由于钠存放在煤油中，煤油燃烧不完全，导致白膜上附着少量的黑色粉末，对这些异常现象的分析包含了严谨求实、尊重客观事实的科学态度，对黑色粉末来源的分析也有利于形成微粒观。

综上，实验分析一般思路如下：

（1）仪器名称及其操作要点。

（2）装置图特点、安装注意事项、实验安全。

（3）实验观察要素。

（4）根据实验目的确定实验重点（显性、隐性知识或者技能、科研方法、态度养成）。

（5）实验结论。

（6）异常实验现象分析。

（7）实验中暴露出来的不足进行改进研究。

除此之外，教材中的探究实验和演示实验在编排上是有区别的，探究实验设计，承担着培养学生科学探究素养的功能。因此，除了基本的实验要素分析外，基于现有研究和新课标中对科学探究素养水平的划分，还可以从科学探究本质、探究过程技能和科学探究素养水平三个维度解读高中化学教材中的探究实验。

【试一试】人教版"不同价态含硫物质的转化"探究实验设计有何特点？试着完成表2-9中最后一栏。

从科学探究本质❶、探究过程技能❷和科学探究素养水平三个一级维度出发，可以进一步分析教材中实验探究类栏目分析的二级维度，最终建构出如表2-12所示的探究实验分析框架。

表2-12　中学化学教材中探究实验类栏目分析模型

一级维度	二级维度	操作性定义	评定结果与依据
维度1：科学探究本质	1-1　科学探究都始于一个问题，但不需要验证一个假说	教材有明确的探究问题，不属于验证性实验，不要求学生提出假说	
	1-2　探究不遵循单一的一套或一系列研究步骤	教材中的探究任务设计不一定呈现"提出问题—形成假设—设计方案—获取证据—分析数据—形成结论—反思评价—表达交流"的完整探究模式	
	1-3　探究过程由研究问题所指导	提出的研究问题是明确的、科学且相关，所提供的实验过程是由所问的问题指导的	
	1-4　科学家使用相同的过程可能不会获得一样的结论	体现为探究任务的预期结果是不确定的，教材中存在"你得出的结论是否与其他人相同""建议与标准数据比较""存在实验误差"等相关表述	
	1-5　探究过程会影响研究结果	不同的探究设计方案会对研究结果产生影响，教材中要求学生自主设计部分或完整的实验方案	
	1-6　结论必须与收集的数据保持一致	研究结论必须真实、可检验，教材中要求学生基于收集的数据得出结论	
	1-7　科学数据不等同于科学证据	教材中存在将除实验数据以外的观察结果或收集的资料信息等作为证据等内容	
	1-8　解释是根据收集的数据和已知的信息而形成的	教材有要求根据实验现象、数据或已知信息进行解释问题等相关表述	

---

❶ Wenyuan Yang, Enshan Liu. Development and validation of an instrument for evaluating inquiry-based tasks in science textbooks [J]. International Journal of Science Education, 2016, 38（18）：2688-2711.

❷ 姚娟娟，王世存，姚如富，等. 高中化学教材中实验类栏目的探究水平和探究技能研究 [J]. 化学教学，2020，(10)：19-23，29.

续表

一级维度	二级维度		操作性定义	评定结果与依据
维度2：探究过程技能	2-1	基础技能	观察、测量、比较、推断与预测、展示与表述	
	2-2	综合技能	形成并验证假设、识别与控制变量、数据（图表、符号）表征、分析与解释	
维度3：科学探究素养水平	3-1	提出问题	探究问题由谁提出	
	3-2	猜想假设	是否有猜想	
	3-3	实验方案设计	方案设计由谁完成	
	3-4	获取证据	如何获取实验现象	
	3-5	形成结论	实验结论怎么呈现的	
	3-6	交流评价	是否有交流评价的相关内容	
	3-7	反思再探	异常实验现象如何处理	

通过从"科学探究本质、科学探究技能、科学探究素养"对"探究实验"展开分析，找到探究实验设计的优点和不足，针对教材编写特点开展教学实践，有效提升教学水平和教学效果。

【迁移与应用】对比分析不同版本高中化学新教材中"钠与水反应"实验设计特点。

（三）教材图片分析方法

插图是高中化学教科书的重要组成部分，图片在学生学习抽象概念的过程中扮演了重要角色，通过图片将抽象科学概念具象化，《辞海》对插图的解释是指插附在书刊中的图画，有的印在正文中间，有的用插页方式，对正文内容起补充说明或艺术欣赏作用。英文单词为"illustration"，有照亮之意，也就是说插图可以使文字意念变得更明确、清晰。教科书中插图的方法论研究，是指插图的分析必须以一定的理论和方法为指导，为教材中插图的研究提供系统的理论建构和方法工具，提高教材中图片的研读能力。

化学教材中的插图是教材不可或缺的一部分，作为一种"形象语言"，插图不仅能够将抽象问题具体化、复杂问题简单化，而且可以提高知识的可理解度、降低学生认知负荷，通过插图还可以增强化学课程的育人价值。可以通过对比分析改革开放以来中学化学教科书中插图的演变，增进对中学化学课程改革和教材编写的理解。

（1）教材插图的教学功能。

①实现隐性知识显性化。隐性知识蕴含在材料中，是没有直接表征出来的知识内容与联结，而隐性知识的获取需要通过书写与绘画将知识表出化，教材插图通过比喻、类比、假设、模型等将隐性知识转化为显性表达，❶ 实现隐性知识显性化。例如，人教版2019版高中化学必修一"物质的分类及转化"这一节"化学与职业"栏目呈现的化学科研工作者图片，图片以女性科研工作者为例，展现现代化化学科研者的工作环境，打破了传统的认

---

❶ 竹内宏高，野中郁次郎. 知识创造的螺旋［M］. 李萌，译. 高飞，校译. 北京：知识产权出版社，2005：52-62.

为化学科研者全是男性、工作环境恶劣等刻板印象，插图能够形象地将课程育人的思想显性化呈现。

②促进图式构建。认知心理学认为学习的本质是促使学习者构建图式，并通过反复练习促进图式调取的自动化，而图式就是围绕某个确定的主题组织的认知框架或认知结构。[1] 化学教材中的插图，例如，人教版 2019 版高中化学必修二教材中的"工业制硫酸的原理示意图"，呈现出不同价态硫的化合物在制取硫酸过程中的转化，以思维导图的形式引导学生对事实性知识进行概括、归纳，促进构建新图式，并调动已有图式处理新信息，提升原有图式水平，进一步构建图式。

③实现文化建构。教材的编写包含物理形态和文化建构两部分，教材插图表达的含义两者兼而有之。2021 年教育部印发《中华优秀传统文化进中小学课程教材指南》强调各学科结合学科特点，有机融入中华优秀传统文化。化学学科中的图片类型丰富，例如，物质结构、实验装置、仪器、实验现象等。这些图片不仅包含化学学科知识，也蕴含了丰富的文化建构内涵，例如，2019 版高中化学必修一教材在"铁及其化合物"部分呈现"战国时期最大的铁器——长方形铁炉"，在相关元素化合物部分以插图的形式展现了我国古代工匠的优秀技艺，在潜移默化中完成中华优秀传统文化的传承，实现文化建构。

图片一般有图形、题注，在教材文本中有时会对图片的设计意图作简要说明，但更多时候没有明确的说明，需要教材使用者解读图片的编写意图。

（2）中学化学教材中图片内容特点。

①中学化学教材中图片功能。综合已有文献对插图功能的研究，将插图功能分为装饰性、说明性、解释性和拓展性（表 2-13）。

表 2-13　教材插图功能分类维度

图像功能	图文关系
装饰性	起到装饰和美化页面、激发学习兴趣的作用
说明性	图文对应同一种化学物质、实验、工业流程或人物
解释性	用于解释教材中抽象难懂的物质结构、原理及现象原因，或通过图表增加相关信息，便于进一步理解内容
拓展性	拓宽学生的视野，认识化学发展史，体会化学与生活的密切关系，提高学生化学意识

②化学教材中图片的类型。

a. 人物类，教科书插图中的人物类插图，一般伴随着化学史内容出现。从社会语境的角度分析，中学化学教材中人物插图，可以从男女比例反映隐藏在图片背后的性别观，选编国内科研工作者照片以反映文化自信等。

b. 实验类（仪器、装置、现象）。

c. 物质结构类（宏观、微观、符号），化学对物质的表征有宏观、微观、符号三重表征。

---

[1] 陈刚，舒信隆. 问题图式在物理问题解决教学中的应用 [J]. 课程·教材·教法，2009，29（7）：57-61.

　　d. 思维导图类（例如，研究物质性质的基本程序、价—类二维图，物质分类图，氮循环图）。

　　e. 体现 STSE 理念的图片（例如，化工生产图、84 消毒液）。

　　应超越微观的词、句、段等文本符号层面，通过考察教科书话语建构的过程来理解其话语产生的社会文化环境，从宏观社会语境的视角来解释教科书话语是如何展现课程改革和社会变迁的。

　　【研究与实践】从以上不同视角分析整理人教版高中化学必修第二册"第五章　化工生产中的重要非金属元素"中图片选编特点。

　　【拓展视野】教材其他研究视角——基于认知负荷理论的教材分析框架

　　（1）认知负荷理论。

　　最早研究认知负荷理论的是美国心理学家米勒（Miller），澳大利亚认知心理学家斯威勒（Sweller）以米勒的早期研究为基础，结合美国心理学家阿特金森（Atkinson）和希福林（Shiffrin）记忆贮存过程划分标准❶，于 1988 年首次提出认知负荷理论。斯威勒认为人的认知结构由有限的工作记忆和广泛的长时记忆等多个记忆库组成，而认知负荷就是工作记忆负荷，是由学习者完成认知任务所需的工作记忆资源决定的，认知负荷分为内在负荷、外在负荷和密切负荷，总的认知负荷为三种负荷的总和，其内涵和影响因素如表 2-14 所示。

表 2-14　认知负荷类型

类型	含义	影响因素
内在负荷	工作记忆中必须被同时加工的材料	学习材料内部各元素的相关性水平、学生的基础知识
外在负荷	额外施加给学习者的负荷	学习材料的组织、呈现方式
密切负荷	吸引学习者专注学习内容的认知过程或基模建构	学习材料中图片、模型的建构

　　内在负荷与学习材料内部各元素的相关性水平和学生的学习经验相关，元素交互性❷高低与产生的内在认知负荷高低呈正相关；密切负荷在总的认知负荷中起"正向"影响，适当增加学习者的密切负荷可降低总的认知负荷。

　　认知负荷的影响因素是研究的重点，认知负荷受分裂注意效应和情态效应影响。在总认知负荷中，外在负荷的影响非常大，斯威勒通过分析认知负荷影响因素提出了降低学习者的外在负荷策略：注意力分散效应；样例效应；形式效应；指导隐退效应；想象效应；目标自由效应；完成问题效应；元素交互效应；变式效应；冗余效应。从学生学习角度出发，前 5 个效应更适用于解读教材的组织和呈现方式，具体内涵如表 2-15 所示。

---

❶　记忆储存划分为三部分：感觉记忆、工作记忆和长时记忆。

❷　"交互"的显著功效在于能增强主体与主体、主体与客体之间的相互协作、相互认知，而交互性是对交互动态性活动的属性描述。

表 2-15 外在认知负荷的影响效应

类型	内涵	教材编写视角的解读
注意力分散效应	用整合的信息源代替多种信息源	教材呈现整合的信息源能够帮助学生减少因注意力分散而消耗的认知资源，进而降低外在认知负荷
样例效应	解决的样例代替传统的问题	解决的样例能够减少学生学习所需的心智能量，降低了外在认知负荷
形式效应	多种形式代替单一形式	采用多形式呈现知识点更有利于降低外在认知负荷
指导隐退效应	随着专业知识的积累，部分完成的样例可由问题来代替	学生的知识迁移能力逐渐增强，评价运用知识解决问题能力的设计应由易到难呈梯性展现
想象效应	学生想象或心理练习材料来代替传统的附加学习	对高交互性材料，利用学生的想象能有效降低外在认知负荷

斯威勒等人20多年的研究使认知负荷理论不断完善，受到业界绝大多数专家学者的认同，具有一定权威性。

（2）基于认知负荷理论教材分析模型。

从认知负荷理论视角出发解读教材，涵盖内在负荷、外在负荷和密切负荷：内在负荷涉及学习材料内部的高低交互性；外在负荷主要是学习材料的组织呈现方式，具体包含注意力分散效应、样例效应、形式效应、指导隐退效应和想象效应，这些效应在教材中的体现有利于降低认知负荷；密切负荷有助于提升学习效率，从而减轻学生的认知负荷，主要包括教材吸引度和模型建构。从以上视角出发，构建的分析框架如图 2-6 所示。

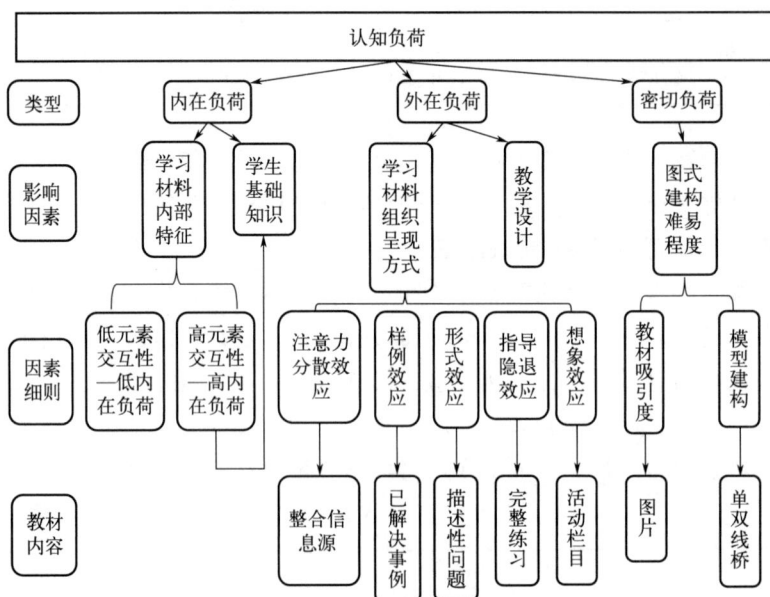

图 2-6 认知负荷理论视角下教材分析框架

根据图 2-6 所建构的分析框架，可以从内在负荷到外在负荷再到密切负荷解读教材，从三个不同的视角逐一分析，理解教材编写会对学生认知负荷产生影响，从而建构基于学生中心的课堂教学活动。

（3）基于认知负荷理论的教材编写分析示例。

鲁科版中氧化还原反应教材编写对内在认知负荷的影响分析：

内在认知负荷与教材各元素相关性水平有关，将不能独立存在、关联性高的知识点划分为高交互性，氧化还原反应内容从定义到特征再到本质，以及常见的氧化剂和还原剂，知识具有高元素交互性。高交互性知识可通过设计先备知识来降低内在负荷，鲁科版在"联想质疑"栏目呈现了"铜及其化合物的化学变化"：

首先，以文字形式直接引出初中阶段学习的铜及其化合物的化学反应，涉及氧化还原反应，增加新旧知识关联度，有效降低内在负荷。其次，教材提供了氧化还原反应的正例（Cu 与 H_2、H_2 与 CuO 以及 Fe 与 $CuSO_4$ 反应）和反例（NaOH 与 $CuSO_4$ 反应），从概念形成策略来看，有利于学生理解概念。

（4）结论。

认知负荷理论对教材编写要求：降低内在认知负荷和外在认知负荷，增加密切认知负荷。

第三章 人教版高中化学必修课程概念原理内容分析

学习目标：

1. 了解高中化学必修课程概念原理知识体系内容。
2. 了解人教版高中化学必修课程概念原理知识编写特点。
3. 掌握概念原理知识教学策略，能结合课标和教材编写特点创造性使用教材。
4. 能结合学科核心素养挖掘课程内容中育人素材，提升化学课程育人能力。

第一节 "第一章 物质及其变化"内容分析

一、本章地位

1. 章引言分析

在引言中，以问题的形式呈现第一章主要学习内容，即"怎样认识和研究物质和化学变化"，也明确了本章的核心知识是"研究物质及其变化"，核心观念是"分类观、微粒观"，学习本章知识的视角和思路是"对物质和化学变化进行分类"，本章知识的价值在于"依据物质类别和元素价态，可以解释和预测物质的性质，设计物质间的转换"。

2. 本章知识地位和作用

物质的分类、离子反应、氧化还原反应等概念是高中化学必修课程的核心大概念，在此基础上形成分类观、微粒观、变化观、电荷守恒观等学科观念，通过本章学习，初步形成基于物质类别、元素价态，依据复分解反应、氧化还原反应原理，预测物质的化学性质和转化路径的思维模型。为后续课程中的具体元素化合物知识的学习提供理论指导。

二、知识体系特点分析

（一）高中化学课标❶链接

结合人教版教材中知识的呈现方式，"物质及其变化"内容设计依据高中化学必修课程课标的"课程内容"的主题1、主题2、主题5（与教材编写内容有关，此处不分析）：

1.3 认识化学实验是研究和学习物质及其变化的基本方法。

---

❶ "高中化学课标"特指《普通高中化学课程标准》（2017年版2020年修订），人教版教材包括人民教育出版社（2019年版）普通高中教科书化学必修第一册、第二册。

　　1.4　树立安全意识和环保意识，熟悉化学品安全使用标识，形成良好的实验工作习惯。

　　2.1　认识元素可以组成不同种类的物质，根据物质的组成和性质可以对物质进行分类，同类物质具有相似的性质，一定条件下各类物质可以相互转化；认识元素在物质中可以具有不同价态，可通过氧化还原反应实现含有不同价态同种元素的物质的相互转化。认识胶体是一种常见的分散系。

　　2.2　认识有化合价变化的反应是氧化还原反应，了解氧化还原反应的本质是电子的转移，知道常见的氧化剂和还原剂。

　　2.3　认识酸、碱、盐等电解质在水溶液中或熔融状态下能发生电离。通过实验事实认识离子反应及其发生的条件。

　　解析：课程内容中的概念原理类知识较多，穿插其中的有部分情意类知识、程序性知识。从教学目标分析，概念原理类知识的要求大部分处于理解层次，具体来看，根据《普通高中化学课程标准（实验）》（2003 年）中对课程目标中行为动词归类的说明，本章知识教学目标要求层次如表 3-1 所示：

表 3-1　"物质及其变化"知识学习目标层次

学习目标类别	学习目标层次	具体知识
认知性学习目标	记忆	常见的氧化剂和还原剂
	理解	根据元素组成对物质分类；氧化还原反应的特征和实质；电解质；电离；离子反应；胶体
	运用	根据物质宏观特征对物质进行分类；从物质类别和元素价态视角实现物质的转换
体验性学习目标	认同	认识化学实验是研究和学习物质及其变化的基本方法
	形成	安全意识和环保意识

　　（二）知识结构框架

　　整合教材可以看到，"物质及其变化"这一章内容的知识框架如图 3-1 所示：

　　从图 3-1 中可以发现，本章知识体系有以下特点：

　　（1）各节知识逻辑关系：

　　本章主要带领学生从宏观和微观两个层面研究物质的性质及其相互转化，最终达到在不同层面创造物质的目的。首先，第一节和第三节分别从物质元素组成、元素价态、氧化性和还原性等宏观视角研究物质性质及其相互转化，形成分类观、转化观；其次，第一节从宏观的物质类别视角研究化学反应的分类，第二节和第三节则从微观粒子视角研究化学反应的分类。

　　（2）知识重难点分析：

　　知识基础：主要涉及初中化学课程中的物质的分类、物质的通性、化合价、构成物质的微粒、酸碱盐的溶解性。

　　重点：物质分类、电离方程式和离子方程式的书写、氧化还原反应。

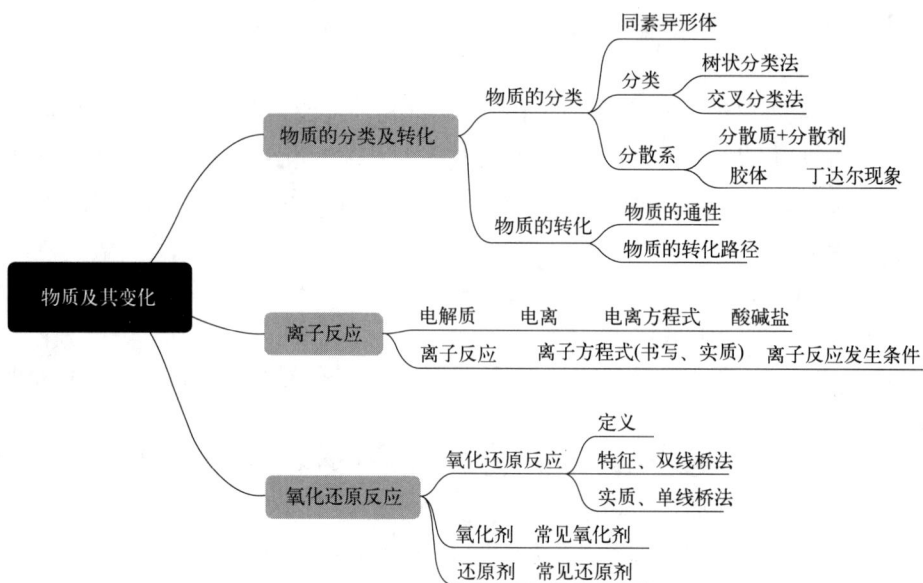

图 3-1 "物质及其变化"知识结构图

难点：初步形成研究物质性质及其相互转化的"价—类"二维思维模型；从微观层面理解电离；电离方程式和离子方程式的书写；氧化还原反应的实质。

（三）核心素养发展与学业要求（表 3-2）

表 3-2 "物质及其变化"核心素养发展和学业要求

素养维度	核心素养发展重点	学业要求
宏观辨识与微观探析	1. 能从元素组成和实验现象归纳物质及其变化类型； 2. 能从元素价态的视角认识物质性质，推断物质的氧化性和还原性； 3. 能从微观层次分析离子反应和氧化还原反应的特征； 4. 能用化学符号说明常见物质及其变化	1. 能根据物质类别和元素价态，列举某种元素的典型代表物； 2. 能举例说明胶体的典型特征； 3. 能利用离子反应、氧化还原反应等概念对常见的反应进行分类和分析说明； 4. 能用电离方程式表示某些酸碱盐的电离； 5. 能用离子方程式正确表示离子反应
变化观念与平衡思想	1. 能根据观察和实验获得的现象和数据概括离子反应、氧化还原反应的特征和实质； 2. 知道根据物质类别和元素价态实现物质转化	1. 认识同类物质具有相似的性质，一定条件下同种元素不同类别物质可以相互转化； 2. 认识元素在物质中可以具有不同价态，可通过氧化还原反应实现含有不同价态同种元素的物质的相互转化
证据推理与模型认知	1. 从物质及其变化的宏观事实中提取证据，建构核心概念； 2. 初步建立研究物质性质及其变化的思维模型	1. 从实验现象进行分析推理，如根据是否导电认识电解质和电离； 2. 基于物质类别、元素价态，预测物质的化学性质和变化

三、教材分析案例

（一）案例 1　根据物质的组成和性质分类

1. 知识体系分析

（1）课标的"内容要求与学业要求"解读

①高中化学课标链接（表 3-3）。

表 3-3　"根据物质的组成和性质分类"课标要求

内容要求	学业要求
认识元素可以组成不同种类的物质，根据物质的组成和性质可以对物质进行分类	能依据物质类别列举某元素的典型代表物
同类物质具有相似的性质	能从物质类别角度，预测物质的化学性质及其变化

【思考】认识的含义是什么？学业要求中的"物质类别"分别是什么？教材是如何展示"根据物质的组成和性质可以对物质进行分类"这一内容要求的？

②解析。

a. 认识元素可以组成不同种类的物质，根据物质的组成和性质可以对物质进行分类。

"认识"的含义是能辨别、能举例，依据学业要求从元素组成建立起基于同种元素的不同类别（树状分类法）物质分类的观念；以氧化物的不同分类标准为例，建立分类多样性观念。

b. 同类物质具有相似的性质。

总结酸、碱、盐、酸性氧化物和碱性氧化物的通性；初步学习从"物质类别→物质通性"角度预测物质的性质，如基于酸性氧化物的通性预测 SO_3 的性质。

（2）教学目标分析。

①知识基础：物质分类（元素组成）；日常生活学习中关于分类的直观感受。

②重难点。

重点：物质的分类。

难点：预测物质的性质。

③教学目标：通过对生活中分类的应用的讨论，初步建立分类思想。通过对常见物质进行分类，初步掌握根据物质组成和性质进行分类的方法。通过预测氧化性的性质，初步建立根据物质通性预测物质性质的思维模型。

2. 图片和栏目解析

（1）部分图片分析。

【思考与讨论】分析图片类型、图片教学功能，据此提出你的教学策略（表 3-4）。

表 3-4　人教版"物质的分类"部分图片解析

图片名称	图片类型	图片功能	教学策略
图1-1　图书馆中分类陈列的图书 图1-2　智能机器人正在对快递物品进行分拣	说明性图片	展示分类在生活工作中的价值	（1）引出分类概念及其价值； （2）增加联系学生生活环境的图片，防止课本知识与学生生活隔离，缩短书本内外知识空间距离
图1-3　树状分类法举例	思维导图类图片	（1）举例解释树状分类法特点； （2）复习梳理初中有关物质分类的知识	（1）总结树状分类法特点：多种物质，一种分类标准，研究一类物质通性； （2）增加预测具体物质的性质案例。例如，较活泼金属可以与稀盐酸反应生成 H_2，可以预测具体金属性质； （3）根据学生层次设计探查学生初中有关物质分类知识储备
图1-4　交叉分类法举例	思维导图类图片	（1）解释交叉分类法； （2）交叉分类法在研究物质性质中的价值：多视角研究物质特性	（1）总结交叉分类法特点：一种物质，多种分类标准研究物质特性； （2）增加预测具体物质的性质案例。例如，碳酸钠属于钠盐，因此易溶于水，属于碳酸盐，因此可以和稀盐酸反应

（2）部分栏目分析。

【方法导引——分类】

栏目功能：呈现研究和学习物质性质及其变化的方法——分类，初步建立分类思想。

知识点：从宏观和微观视角建立学习物质及其变化的基本方法；举例说明运用分类的方法，预测物质的性质及可能的变化。

教学策略：教材中通过分析树状分类法和交叉分类法两个案例，最后总结出科学研究方法——分类。在实际教学中可以将分类的思想和分类方法提前，用分类方法指导物质分类的学习，提升教学灵活性，体现理论对学习的指导价值。

3. 微课示例

【练一练】人教版高中化学必修教科书第 7 页"除了物质的组成，物质的性质也是对物质进行分类常用的依据。例如……而大多数金属氧化物则属于碱性氧化物"。分析教材编写特点、化学知识体系框架图，试着根据教材分析结果设计教学过程。

（1）教材编写特点解读。

①教材通过"例如"，以例子的形式呈现了氧化物的两种分类方法。学生在初中学过氧化物、（非）金属氧化物，但是酸（碱）性氧化物属于新概念，所以不能将例如后面的知识单纯当作一个样例。

②关于知识体系，主要体现"物质依据性质来分类"这一核心知识点，首先初中化学中初步了解到酸可以分为强酸、弱酸，说明物质可以依据性质来分类；其次教材中提到的酸（碱）性氧化物的性质，由于属于新知识且于后续元素化合物知识的学习中多次迁移应用，

因此要求解构出来。

③根据学业要求"能从物质类别角度，预测物质的化学性质及其变化"，结合教材文本中出现的 SO_3，应该增加利用酸（碱）性氧化物的性质预测相关物质性质的知识点。

（2）知识结构（表3-5）。

表3-5 "根据物质的性质分类"知识结构

层次	维度			
	知识	能力	价值	素养
显性	物质可以依据性质分类	类比能力	建立分类观	宏观辨识
隐性	酸（碱）性氧化物的通性及应用	预测物质性质的能力	科学方法-分类的价值	模型认知

（3）教学重难点和教学目标。

①教学重难点。

重点：根据氧化物性质对氧化物进行分类；酸性氧化物和碱性氧化物通性。

难点：根据氧化物通性预测物质性质。

②教学目标：通过从不同角度对氧化物进行分类，学会从物质宏观特征进行分类，培养宏观辨识素养；通过类比学习不同氧化物的性质，初步建立从物质类别及其通性视角预测物质性质的思维模型；通过创设生活情境，增强探究物质性质和变化的兴趣。

③教法学法。

教法：启发式教学法、问题解决法。

学法：自主学习法、合作学习法。

（4）教学过程（表3-6）。

表3-6 "根据物质的性质分类"部分教学片段

学习任务	教师活动	学生活动	设计意图
创设情境	展示生石灰加水变成熟石灰的视频，提出问题：生石灰属于哪类物质？	讨论氧化钙的分类	生产场景，激发兴趣
自主建构概念	引导：初中学习酸，可以按照组成分为含氧酸和无氧酸，还可以按照酸性强弱分为强酸、弱酸。 问题：氧化物按照元素组成怎么分类？可以按照性质对氧化物分类吗？举例说明氧化物分类方法	活动1：自主阅读教材，分析氧化物新的分类标准； 活动2：从元素组成和物质性质角度画出氧化物分类的思维导图	初步学会从宏观物质性质的视角对物质进行分类
初步认识氧化物通性	问题1：酸性氧化物有什么性质？以 CO_2 为例说明。 问题2：碱性氧化物有什么通性？以 CaO 为例说明 师生总结： 酸性氧化物：	活动1：阅读教材，归纳酸性氧化物、碱性氧化物通性。 活动2：回顾初中旧知，写出 CO_2、CaO 有关反应方程式	培养归纳分析能力

续表

学习任务	教师活动	学生活动	设计意图
迁移应用	问题1：CO、SO_2 是酸性氧化物吗？若是，请预测它们作为酸性氧化物有哪些性质？并写出相应的化学方程式。 问题2：Fe_2O_3 是碱性氧化物吗？若是，请预测它作为碱性氧化物有哪些性质？并写出相应的化学方程式	活动1：判断并写出 SO_2 作为酸性氧化物性质的化学方程式。 活动2：判断并写出 Fe_2O_3 作为碱性氧化物性质的化学方程式	初步建构根据物质通性预测物质性质的思维模型

（二）案例2　物质的转化

【实践研究】以"思考与讨论—物质的转化路径"内容为例，开展微课试教实践，通过试教，反思在教材分析中存在哪些问题。

1. 知识体系分析——课标的"内容要求与学业要求"解读。

①高中化学课标链接（表3-7）。

表3-7　"物质的转化"课标要求

内容要求	学业要求
认识元素可以组成不同种类的物质	能依据物质类别列举 C、Ca 等元素的典型代表物
同类物质具有相似的性质	认识酸、碱、盐、氧化物等同类物质具有相似的性质
一定条件下各类物质可以相互转化	建立依据物质类别实现物质转化的路径模型，能基于物质通性预测物质的化学性质及其变化

【思考】a. 从物质类别建立起的物质转化模型是怎样的，学生初中学过吗？b. "同类物质具有相似的性质"，这是新知还是旧知？教材编写以何种方式展现？试分析教材这样编写的理由。

②解析。

a. 认识元素可以组成不同种类的物质。

"认识"的含义是能辨别、能举例，依据学业要求建立基于同种元素的不同类别［单质—氧化物—酸（碱）—盐］物质分类转化路径的模型。

b. 同类物质具有相似的性质。复习梳理初中学习过的酸、碱、盐的性质，据此预测具体酸、碱、盐的性质；初步学习从"物质类别→物质转化"设计物质转化路径的思路，建构制备无机物的思维方法。

c. 教材与课标关系（表3-8）。

表3-8　"物质的转化"教材与课标的关系

内容要求	学业要求	教材呈现方法
认识元素可以组成不同种类的物质	能依据物质类别列举 C、Ca 等元素的典型代表物	通过 C、Ca 的具体的例证抽象出"不同种类物质"的含义

续表

内容要求	学业要求	教材呈现方法
同类物质具有相似的性质	认识酸、碱、盐、氧化物等同类物质具有相似的性质	通过"思考与讨论"复习初中的酸碱盐性质及常见酸碱盐的性质，为后续物质的转化和制备夯实基础
一定条件下各类物质可以相互转化	建立依据物质类别实现物质转化的路径模型，能基于物质通性预测物质的化学性质及其变化	通过"图1-7　单质到盐的一种转化关系"展示物质可以转化，又以NaOH的制备为例，说明一定条件的含义

2. 图片和栏目解析

（1）部分图片分析。

【思考与讨论】分析"化学与职业"中的"图1-8　化学科研工作者"图片类型、图片教学功能，据此提出你的教学策略（表3-9）。

表3-9　人教版"物质的转化"部分图片解析

图片名称	图片类型	图片功能	教学策略
图1-7　单质到盐的一种转化关系	思维导图类图片	（1）引导学生建构基于物质类别的物质转化路径模型；（2）为后续常见无机物的知识结构化策略提供参考	（1）从具象到抽象的模型建构，需要加强具象练习，特别是针对不同知识基础、不同迁移能力等情况，在形成物质转化思维模型的前后都需要加强案例分析；（2）教材以NaOH的制备为例，说明这一转化路径不是万能的，建议教学实践中针对"碱性氧化物→碱"的转化，加强例证，避免学习思维僵化；（3）教材中物质的转化路径是单线条的，但是物质的制备方法是多维度的，如盐的制备路径是多元化的，建议加强例证，以学生的掌握程度为教学节奏的调控标准

（2）部分栏目分析。

①【思考与讨论——酸碱盐的性质】

栏目功能：a. 复习初中化学课程中有关酸碱盐的性质，为后面利用物质的通性实现物质的转化、物质的制备，预测物质的性质做好准备工作。b. 复习初中有关化学变化分类的知识，为后面离子反应发生的条件、氧化还原反应等内容做好铺垫。c. 初步建立利用分类思想指导化学学科学习的方法。

知识点：a. 酸、碱、盐的通性，常见酸、碱、盐的性质。b. 化学反应的基本类型。c. 置换反应、复分解反应的条件。

教学策略：a. 加强探查学生基础，设计多样化的学生活动，尽可能暴露学生有关酸碱盐性质的薄弱环节。b. 学习方式，通过自主完成常见酸碱盐的性质，然后在教师引导下整理完善酸、碱、盐的性质，查漏补缺。c. 碱、盐的性质可以模仿酸的性质，在学案中作出表格，根据学情，加大或降低知识迁移难度来处理。例如，碱的性质，学生基础好，可以要求学生以不同的碱完成表格内容，以初中没有学习过的碱类物质来培养知识迁移应用能力。

②【思考与讨论——物质的转化】

栏目功能：a. 采取具体到一般的方法，用具体的 C、Ca 两种元素的不同类别物质的转化路径，形成物质转化思维模型。b. 抽象思维能力的培养。c. 以初中有关知识来建构物质转化模型，降低学习难度。

知识点：a. 同种元素不同类别物质转化思维方法。b. 单质、氧化物、酸（碱）、盐的性质的灵活应用。c. 利用物质的通性预测物质的性质。

教学策略：a. 引导学生自主完成教材中 C、Ca 两种元素不同类别物质的转化路径的化学反应方程式的书写。b. 适当增加如 S、Fe 等元素，要求学生仿照教材的转化路径，写出相应的反应方程式，对比分析这四种元素不同类别物质转化的共同点是什么，不同点在哪里，进而归纳出单质到盐的转化关系思维模型。

③【化学与职业——化学科研工作者】

栏目功能：a. 展示化学科研工作者的工作环境，为学生将来的职业提供参考。b. 女性工作者的形象有利于形成职业平等的观念。

知识点：化学科研工作的范围和职业特点。

教学策略：收集资料，展示更多的化学科研工作者工作场景的资料，力求更全面给学生呈现该职业特征；学生交流自己知道的或者认知中的化学科研工作者的工作性质、职业特点。

3. 教学目标分析

（1）知识基础。

①酸、碱、盐的性质。

②初中常见酸、碱、盐的性质。

（2）重难点。

重点：物质的转化路径模型。

难点：物质转化路径的设计；制备无机物的思维方法。

（3）教学目标。

①通过讨论工业生产 NaOH 的最佳路径选择，形成理论联系实践的观念，提升实践能力。

②通过对酸碱盐性质的复习和应用，培养一般到抽象的科学思维能力和归纳能力。

③建立基于物质类别的物质转化和制备方法，初步建立根据物质类别预测物质性质的思维模型。

（三）案例 3　电解质的电离

思考与交流

查阅资料，回答下列问题：

（1）电解质的电离中有哪些概念？都是新概念吗？

（2）概念分为哪几类？电解质属于哪类概念？

（3）以电解质为例说明概念的组成。

（4）你知道哪些微观知识显性化的教学策略？

（5）程序性知识的教学一般包括哪些基本步骤？

（6）苏教版中明确提出了非电解质的概念，你怎么看这一知识点？

1. 电解质内容解析

【练一练】结合课标要求分析人教版高中化学必修第一册"电解质的电离"中的电解质部分内容，分析教材编写特点，画出化学知识体系框架图，试着根据教材分析结果设计教学过程。

资料卡片

概念性知识

修订后的布鲁姆目标分类法，将知识分为事实性知识、概念性知识、程序性知识、元认知知识等四大类。事实性知识和概念性知识同属于陈述性知识，是关于是什么的知识。其中，概念性知识是指一个整体结构中基本要素之间的关系，表明某一个学科领域的知识是如何加以组织的、如何发生内在联系的、如何体现出系统一致的方式等的知识。化学概念性知识是整个中学化学知识的"骨架"，是中学化学课程内容重要的组成部分。

一个完整的概念包括名称、定义、例证三部分。概念定义的描述应该涵盖概念的内涵（本质）、外延和条件。例如，电解质的定义中内涵为导电，外延为化合物，条件为熔融或溶液。

化学概念按照其在概念群中的层级关系，可以分为上位概念、下位概念、并列概念三种关系。例如，化学变化相对化合反应是上位概念；酸性氧化物和碱性氧化物彼此互为并列概念，氧化物是它们的上位概念，它们是氧化物的下位概念。在概念群中，层级越高的上位概念一般采取概念的形成策略开展教学，而并列概念和下位概念采取概念的同化策略开展教学，在对概念群进行结构化时可以采取概念图策略。

概念形成策略的一般教学过程为例证—归纳—辨析—迁移应用。

第一步，给出一定量包含概念关键特征的例证，给学生以感性认知，便于学生获得有关概念的具体的、共同的、关键的特点（注意，例子要多样化且需要呈现正例，以免干扰学生提取关键特征）。

第二步，对例证展开分析、比较、辨识，去除非关键特征，抽取出共同的关键特征，归纳和概括出概念的定义。

第三步，对已经形成的概念进行辨析，主要针对定义描述中的内涵、外延和条件来设计。这一阶段，需要呈现多样化的正例和反例，以消除学生可能产生的相异构想。

第四部，概念的迁移应用。如化学平衡的概念形成后用于判断化学反应的方向。

概念同化策略的一般教学模式为激活原有概念—类比分析—形成新概念。概念的同化策略和概念图在这里不再赘述。

（1）教材编写特点解读。

思考与交流

阅读教材有关电解质的内容，思考：①电解质属于哪类概念？适用于哪类概念教学策略？

②教材编写有哪些特点？你认为还可以采取哪些措施来优化电解质呈现方式？③梳理知识体系，找出重难点。

a. 教材的编写，从具象到抽象，采取了概念形成策略。通过实验、回顾初中化合物导电的实验现象，获得电解质的例证。教材中给出了多样化的样例，但是没有明确提出这些样例的分类、物质的状态等。因此，需要改变例证的呈现形式，便于学生提取关键特征，形成概念。

b. 关于知识体系，教材中只有电解质，与之对应的并列概念为非电解质，需要在教学中增加例证，根据例证来形成这个概念。同时，强弱电解质这对概念在高中化学必修课程中不要求，这体现了课程内容的层次性要求。因此，电解质的知识体系为"（非）电解质—常见的电解质—判断"等内容。

（2）知识结构（表3-10）。

根据"内容要求：认识酸、碱、盐等电解质在水溶液中或熔融状态下能发生电离"，结合"学业要求：能利用电离等概念对常见的反应进行分类和分析说明"，可见学业评价的重点是电解质电离的产物。

在电解质概念的教学中，不涉及电离产物的分析，因此这部分内容的教学重点是电解质概念和判断。同时，物质分类的基础知识储备水平影响着电解质的判断，因此，电解质的判断可能成为难点。

表3-10 "电解质"知识结构

层次	维度			
	知识	能力	价值	素养
显性	电解质	归纳、分析	建立分类观	宏观辨识、证据推理
隐性	非电解质	提出样例抽象出概念定义的能力	电解质与生产生活的联系	模型认知

①教学重难点。

重点：电解质及其判断。

难点：电解质的判断。

②教学目标。

a. 通过不同物质导电性的对比分析，发展宏观辨识素养。

b. 理解电解质和非电解质，形成根据物质宏观特征对物质进行表征的科学方法。

c. 通过创设生活情境，激发健康生活意识。

③教法学法。

a. 教法：启发式教学法、问题解决法。

b. 学法：自主学习、合作学习。

【实践研究】结合教材编写特点，根据概念形成策略，设计电解质的教学方案，并交流评价。

2. 电离内容解析

资料卡片

微观知识宏观化策略

化学是在分子、原子水平上研究物质结构、性质及变化的科学，中学化学课程中存在大量有关物质结构、化学变化过程的微观知识，我们也可以称为化学学科化的隐性知识。这部分知识不能用肉眼观察，用语言描述时不能完全探查出学生建构出的真实模型。这就导致不同的学生自行建构出有"个人特色"的知识，以致化学变化和物质结构的认知存在大量的相异构想。如何解决这样的问题呢？隐性知识显性化的常见策略有哪些呢？分析教材我们可以看到，教材有关电离微观过程的显性化策略是使用模拟图片。通常，微观知识宏观化的策略有：

（1）语言描述，当使用语言文本描述微观过程或结构时，语言要科学、精准，不能煽情。

（2）动画、图片模拟，包括过程模拟，物质结构模拟等程序，当我们使用模拟图片时需要关注各微粒大小、空间位置的科学性。例如，氯化钠电离过程的模拟图片，Na^+、Cl^-的大小及其与水分子中氢原子、氧原子的空间位置都要表达准确。

（3）建立模型，以类比的形式学习并建构正确的认知。例如，甲烷分子正四面体结构模型等，水分子 V 型空间结构模型等，有助于学生建立正确的分子空间构型。

（4）化学符号表达，如电离方程式就是电离过程的化学符号表达，这需要在学生已经建立起对化学变化、物质微观结构模型正确认知的基础上，才能真正做到宏观—微观—符号相一致的表达。

（5）通过实验现象将微观知识显性化。例如，通过电流计的偏转证明氧化还原反应中存在电子转移；通过化学反应中颜色变化、产生气体或者沉淀的快慢来推断化学反应速率。

【试一试】阅读资料卡片，分析电离知识的特征，解读人教版教材中有关氯化钠电离的图片的设计意图、图片对学生建构电离过程的价值。根据微观知识显性化的教学策略，说说还可以采取哪些措施降低学生学习难度？

3. 电离方程式教学探讨

【思考】电离方程式的书写属于程序性知识，程序性知识的一般教学步骤是怎么处理的？

【提示】程序性知识是关于"怎么做"的知识。例如，初中化学中的化学方程式属于概念性知识，但化学方程式的书写有相对固定的步骤，又属于程序性知识。程序性知识包括技能、算法、技巧和方法等知识，通常有相对固定有序的步骤。程序性知识一般都是同具体学科挂钩的，当然也反映了具体学科的思维方式。中学化学程序性知识包括计算类、化学用语（化学式书写、化学方程式书写、离子方程式书写等）、物质的命名（有机物命名、无机物命名）、化学实验操作技能类知识（溶液的配平、仪器的使用）、学科方法类知识（气体的制备、提纯、分离等）。

> 案例 电离方程式书写：
>
> （1）分析：以下两个电离方程式有什么共同特征？（想一想，单独呈现 NaCl 电离方程式，学生有可能产生哪些相异构想？）
>
> $$NaCl = Na^+ + Cl^-$$
>
> $$Fe_2(SO_4)_3 = 2Fe^{3+} + 3SO_4^{2-}$$
>
> （2）思考：怎么判断电解质电离出的离子种类？电离出的阴阳离子所带电荷数由什么决定？阴阳离子的个数比是怎么确定的？
>
> （3）总结电离方程式书写步骤。
>
> （4）迁移联系：写出 $CuCl_2$、$Fe(NO_3)_3$ 的电离方程式。

程序性知识的学习，一般经历从认知、模仿到熟练到自动化的几个阶段：

第一步：获得程序性知识学习一般步骤。呈现样例，分析程序性知识的基本操作步骤。注意，样例尽可能避免让学生产生相异构想，需要具备一些关键特征，不能误导学生。例如，学习化学方程式的书写，如果单独展示 $C + O_2 = CO_2$，可能导致学生认为化学方程式不需要在化学式前面配上适当的系数，而样例 $4P + 5O_2 = 2P_2O_5$ 则包含了化学方程式的关键特征——在化学式前面配上适当的系数以遵守质量守恒定律。

第二步：通过简单的模仿初步习得基本程序。可以直接用教材中的样例来模仿，也可以增加其他样例来模仿训练。通过训练，熟悉基本的程序，同时找出学生学习的难点、易错点。

第三步：加大迁移力度。训练的样例需要逐渐增加陌生度、复杂程度，由易到难提升学生解决实际问题的能力。

【迁移应用】离子方程式及其书写分别属于哪类知识？根据程序性知识的一般学习流程，离子方程式书写应该怎样开展教学？教材中呈现的内容属于其中哪个环节？怎样合理利用教材？

（四）案例4 离子反应的实质解析

1. 知识体系分析

（1）课标解读。

高中化学课标对"离子反应"要求通过实验事实认识离子反应及其发生的条件。学业要求能利用离子反应概念对常见的反应进行分类和分析说明。

解析：①通过实验理解离子反应发生的实质是混合体系中离子浓度的减少，据此形成离子反应的概念。②能判断离子反应，能分析具体的离子反应中哪些微粒不能共存。③通过实验或者已经学过的化学反应归纳提炼离子反应发生的条件。

【思考】①离子反应的实质和离子反应发生的条件有何区别？②离子反应发生的条件与初中学习什么知识有关？

（2）不同版本教材中"离子反应的实质"编写特点对比（表3–11）。

表 3-11 不同版本教材中"离子反应的实质"编写特点对比

对比维度	人教版	鲁科版	苏教版
位置	第一章第二节，物质的量之前	第二章第二节，物质的量之后，元素化合物知识前面	专题 3 第二单元，物质的量、Cl、Na 等元素及其化合物性质之后
呈现形式	文本+实验	文本+观察、思考+实验装置、图片+数据表	文本
知识体系	教材明确表达的是离子反应的概念，离子反应的实质通过实验中沉淀的生成来展示，但教材没有明示	用手持技术，通过图表分析溶液电导率减弱的原因，结合宏观实验现象总结出离子反应的实质。通过多个样例的分析总结，归纳出离子反应概念	通过文本直接表示离子反应的实质和离子反应的概念
特色	通过实验将抽象概念具象化，但是例证单一，教师在教材使用中需要增加样例来形成概念	教材运用了微观知识宏观化的表达方法突破学习难点；离子反应概念的编写中，通过多个样例归纳概括出例证反应的概念，而且样例充分体现了多样性的特点，如有水、沉淀、气体等生成，也有利于了解离子反应发生的条件	只有文本的编写，没有一个具体的化学反应，对学生来说，教材教学属性中的学的属性表达不充分，还需要关注概念的形成，需要增加多样化的样例

离子反应的内容放在高中化学必修课程体系中不同位置对学生学习有什么影响？通过对比不同版本教材中关于离子反应及其实质的编写特点，你有什么收获？

2. 教学目标

【试一试】根据以上分析，解析教学重难点、教学目标、教学策略。

（1）教学重难点

教学重点：_____。

教学难点：_____。

（2）教学目标（请完善教学目标）

①_____；

②_____；

③_____。

（3）教学策略（请填写）

①_____；

②_____；

③_____。

（五）案例 5 氧化还原反应

【研究性学习】阅读文献《认知负荷理论视角下的教材编写特点研究——以鲁科版"氧化还原反应"内容为例》[1]，根据认知负荷理论，分析人教版教材"氧化还原反应"内容的编

---

[1] 陈萃伶，万莉，江强. 认知负荷理论视角下的教材编写特点研究——以鲁科版"氧化还原反应"内容为例 [J]. 化学教学，2022（7）：13-18，56.

写特点。

1. 知识体系分析

（1）课标的"内容要求与学业要求"解读

高中化学课标链接（表3-12）。

表3-12　"氧化还原反应"课标要求

内容要求	学业要求
认识有化合价变化的反应是氧化还原反应	能利用氧化还原反应等概念对常见的反应进行分类和分析说明
了解氧化还原反应的本质是电子的转移	能从物质类别、元素价态的角度，依据复分解反应和氧化还原反应原理，预测物质的化学性质和变化，设计实验进行初步验证，并能分析、解释有关实验现象

解析：

①认识有化合价变化的反应是氧化还原反应。

化合价的变化是氧化还原反应的宏观特征之一，也是判断的宏观依据。由于学生已经具备了判断化合物中元素化合价的能力，因此从化合价变化角度展开常规的氧化还原反应的判断和分析并不难。但是学生进入高一时，具体元素化合物性质及其化学方程式的知识储备不足，特别是歧化、归中、同一种物质不同元素、同一种物质中的元素部分发生氧化还原反应等情况可能存在迁移难度。

②了解氧化还原反应的本质是电子的转移。

从内容要求的行为动词"了解"可知，氧化还原反应的本质是教学的重点，对氧化还原反应的认识，从元素价态变化到电子转移、从宏观到微观，学习难度加大，需要借助双线桥和单线桥的表达形式，将微观知识宏观化，建立起分析氧化还原反应的思维模型。

（2）教学目标分析。

①基础。

a. 知识基础：初中对氧化反应、还原反应的定义；判断元素化合价。

b. 能力基础：（a）具备一定的微观思维能力。氧化还原反应判断的进阶路径：特定氧元素→元素化合价→电子转移，教学中前摄抑制效应明显，三水平进阶路径中低阶路径在认知体系中越牢固，高阶路径的建构就越困难，突破这一难点的策略就是增加样例、加大迁移应用密度，并且进行知识结构化处理，如带领学生画出氧化还原反应体系的概念图。（b）建立思维模型的能力不足。氧化还原反应体系中需要建立双线桥、单线桥两种思维模型，掌握这两种模型并需要强化其迁移应用的能力。例如，鲁科版教材增加了"氧化还原反应的应用"内容，以案例的形式提出氧化还原反应可以：一是根据物质所含元素价态升高或降低的可能性，预测物质的氧化性和还原性：元素化合价升高，物质具有还原性；元素化合价降低，物质具有氧化性。二是预测比较物质氧化性、还原性的强弱。三是可以实现同种元素不同价态物质的转化。

②重难点。

a. 重点：氧化还原反应的定义、特征和本质；氧化还原反应判断；物质氧化性和还原性的确定。

b. 难点：氧化还原反应认知模型建构；氧化还原反应的应用。

③教学目标。

a. 认识化合价的变化是氧化还原反应的特征和判断依据之一，发展基于元素价态变化的宏观辨识素养。

b. 通过分析 NaCl 和 HCl 的形成过程，了解氧化还原反应的本质是电子转移，发展从电子转移角度微观探析的素养。

c. 初步建立基于化合价、电子转移的氧化还原反应思维模型，发展模型认知素养。

d. 能根据元素价态变化预测物质的性质，深化变化观念。

e. 通过了解氧化还原反应在生产生活中的应用，感受氧化还原反应的价值，培养科学态度与社会责任。

2. 教材编写特点及教学策略

（1）基于教材物理形态的编写特点分析。

在第二章中我们学习过，教材物理形态包括：知识体系对学科概念的表征（化学学科知识）；对内容序列的表征（知识顺序，教材文本中的标号）；对学习任务的表征（栏目中发布的学习要求）。下面解构人教版"氧化还原反应"教材物理形态编写特点：

①教材中氧化还原反应学科概念的表征。

氧化还原反应的知识体系包括：（a）氧化还原反应定义、特征、本质；（b）氧化剂和还原剂，氧化反应和还原反应、氧化产物和还原产物；（c）双（单）线桥模型；（d）预测常见物质的氧化性和还原性；（e）利用氧化还原反应判断物质氧化性、还原性的强弱；（f）同一元素不同价态物质的转化；（g）氧化还原反应方程式的书写，等等。

特点：人教版教材中清晰呈现的知识体系包括（a）（b）（c），有样例缺乏文字总结的是（d），缺失的是（e）（f）（g）等知识点。

教学策略：上述知识体系中，（d）（e）（f）等知识均属于氧化还原反应的应用，对后续元素化合物知识的学习有着重要的理论指导价值，因此，需要教师放慢教学节奏，完善有关应用迁移类知识点。g 是氧化还原反应的配平，在此处介绍这一知识，后续元素化合物的学习才不会被动地死记硬背，提升学生自主学习能力。

②教材中氧化还原反应内容序列表征特点。

特点：通观教材，从 22～28 页，所占篇幅较多，教材对知识内容序列的表征有两个一级标题（一、氧化还原反应，二、氧化剂和还原剂），除此之外没有进一步的二级标题。从上面罗列的氧化还原反应知识体系可知，每一个一级大标题包含多个下位概念，这样的序列表征特点对新手教师不太友好，比如在"中学化学课程标准与教材研究"教学中，发现很多师范生认准教材的一级标题，如果在微格教学试讲中照搬教材，可能出现教学节奏太快、需要细化的很多知识点被忽略掉的问题。

教学策略：梳理知识体系，除了教材呈现的一级标题外，梳理每一个一级标题下的二级、三级标题。例如，可以将氧化还原反应分为特征和实质两个二级标题，特征包括氧化还原反应的特征、判断及氧化反应、还原反应的判断等三级知识体系。另外，还需要进一步补充完善氧化还原反应知识体系的结构。

③教材中氧化还原反应学习任务表征特点。

一般来说，教材编写时对学生学习任务的表征都是通过栏目设置来体现的。人教版教材中呈现了两个学习任务，如表3-13所示。

表3-13　人教版"氧化还原反应"学习任务栏目

位置及任务内容	教学功能	设计意图分析
在教学开始前，通过栏目"思考与讨论"，要求学生分析初中两个反应中得失氧的情况，标出反应中所有元素的化合价，比较其变化	复习初中氧化还原反应知识。 以旧带新，导入从元素价态角度研究氧化还原反应	从认知负荷理论角度，提升新旧知识关联度，有效降低内在负荷。 增加学生对新知识的接受度，顺利实现从氧元素到元素化合价变化的知识进阶
在教学结束后，通过栏目"思考与讨论"，要求学生分析汽车尾气催化转化器净化尾气的原理，书写并分析化学方程式	考查知识的掌握程度。 提高陌生情境中氧化还原知识的迁移应用能力。 增强环境保护意识	总体评价氧化还原反应知识的掌握程度，体现教学评一体化理念； 环保意识的培养，培养学生的社会责任意识

特点：

a. 教材在课前和结课时提供了两个学习任务，前一个学习任务属于复习旧知引入新知，后一个学习任务是对学习的整体评价，兼顾了学生的学习起点和教学评价等。但是针对学习过程中的化合价变化、电子转移、氧化剂和还原剂、氧化性和还原性等知识点，没有设计学习任务。

b. 根据认知负荷理论，随着氧化还原反应知识的积累，学生知识迁移能力逐渐增强，部分完成的样例可以用问题来替代，学习任务中问题解决的设计可以由易到难呈阶梯性设计。因此进入新知识学习过程中的学习任务需要缓慢提升迁移能力，样例的完整性有意识减弱，多样化例证、情境化设计逐渐展现出来。c. 根据有效教学理论，可以采取小步骤教学，每一个知识点均应该配合一定的教学评价内容，以便教师在教学过程中动态调控课堂节奏。

教学策略：

a. 加大学习任务密度，每一个知识点设计一定的学习任务。同时任务多元化，如在氧化还原本质的教学中设计实验探究。一般来说，学习新知前的任务可以是阅读教材或者阅读后完成一定的任务（填空、回答问题等），每一知识点学完后的学习任务可以为新知识的巩固、迁移应用。

b. 样例多样性。氧化还原反应特征的迁移类学习任务设计，注意通过样例的多样性（如归中或者歧化、部分氧化还原反应的样例）增强知识迁移能力。同时弱化得失氧、强化化合价升降的学习任务设计，削弱前摄抑制作用。

c. 整体设计学习任务，从易到难，从简单情境到复杂情境，样例的变化逐渐大，体现出指导消退效应。

（2）教材中的文化建构编写特点分析。

人教版"氧化还原反应"内容的编写，不仅有知识的呈现，也在引导学生形成正确的态度和价值观。教材的文化建构体现在以下4个方面：

①化学史，以"科学史话——氧化还原反应概念的发展"，突显动态的科学知识观，发展科学态度。

②图片，图"广泛存在的氧化还原反应"，既突出了氧化还原反应与生活、工业生产的联系，精美的图片也隐喻了美育的培养。

③文字描述，叙述了氧化还原反应与冶炼、电镀的关系，展示了化学科学推动社会进步、提升生活质量的价值。

④在课后的"思考与讨论"中，通过汽车尾气的化学处理方法，宣扬环境保护意识，突出化学在保护环境方面不可替代的作用。

综上所述，教材设计了多样化的素材引导学生形成正确的价值观，教师在教学中可以适当增加素材，加强化学与生活的联系。

3. 微课示例：探究氧化还原反应的实质

【练一练】人教版高中化学必修教科书第21页"反应前后有元素的化合价发生变化，是氧化还原反应的重要特征。那么……Na 发生了氧化反应，Cl_2 发生了还原反应。"分析教材编写特点、化学知识体系框架图，试着根据教材分析开展微课试教。

（1）教材编写特点解读。

①初高中概念衔接：从得失氧的特例上升到普适性的元素化合价有无变化视角，再将元素化合价的变化与元素原子转移电子数目联系起来，从宏观到微观、从特征到本质，建立氧化还原反应的概念体系。

②教材以"文本+氯化钠的形成示意图"，分析氯化钠形成过程中钠原子、氯原子的最外层电子转移情况，得出结论：氧化还原反应中由于电子转移导致元素化合价发生变化。这部分内容的难点是学生之前没有建构出的元素化合价变化与电子转移的联系的知识体系，因此成为这部分学习的难点。

③氧化还原反应的本质是电子转移，对比分析不同版本教材编写特点：鲁科版教材设计了"铁和硫酸铜反应"演示实验，通过观察反应中电流计的偏转来推论反应中存在电子转移；苏教版教材将氧化还原反应放在原子结构知识之后，并且原子结构中设置"交流讨论——一些元素的原子得失电子的情况"，分析元素原子得失电子与化合物中该元素的化合价变化相对应的情况。这些措施可以降低知识理解的难度。

④对标课标的要求"学习活动建议——氧化还原反应本质的探究"，教学中可以增设探究活动。

（2）知识结构（表3-14）。

表3-14　"氧化还原反应本质"知识结构

层次	维度			
	知识	能力	价值	素养
显性	氧化还原反应的本质	模型建构	学科观念——结构决定性质	模型认知
隐性	原子最外层电子决定电子转移的数目及化合价的变化数目	抽象思维能力	宏观—微观一致的学科思想	微观探析

（3）教学重难点和教学目标。

①教学重难点。

重点：氧化还原反应的本质。

难点：氧化还原反应认知模型，电子转移与化合价变化的关系。

②教学目标。

a. 通过化合价理论认识氧化还原反应的本质，发展宏观—微观一致思想。

b. 通过原子结构模型分析 NaCl 的形成过程，学会从电子转移的微观视角认识氧化还原反应的本质，发展微观探析素养。

③教法学法。

a. 教法：启发式教学法、问题解决法。

b. 学法：自主学习法、合作学习法。

（4）教学过程（表3-15）。

表 3-15　"氧化还原反应"教学过程

教学环节	教师活动	学生活动	设计意图
知识回顾	【创设情境】氯气是一种广泛用于自来水杀菌的气体，氯气和水反应生成的次氯酸（HClO）有杀菌作用，但如果自来水中的氯离子超标，会危害人体健康。因此，国家对自来水中氯离子的残留量有严格规定。请写出氯气与水反应的化学方程式，判断是否是氧化还原反应。如果是，寻找氧化还原反应中元素化合价变化的规律。 【结论】$Cl_2+H_2O=HCl+HClO$ 氯元素的化合价发生升降，是歧化反应	活动1：判断并画出双线桥，分析说明理由。 活动2：展示观点。 化合价有升价，必有降价。元素化合价升高与降低的总数相等	联系生活实际，提高用化学知识解释生活中现象的能力，同时培养社会责任意识。 复习旧知，探查学生对元素化合价升降判断氧化还原反应的迁移应用能力
从电子得失的角度建构氧化还原反应概念	【引导】氧化还原反应中元素化合价的变化是什么变化导致的？以钠和氯气反应生成氯化钠为例说明。 <table><tr><td>原子结构示意图</td><td>最外层电子数</td><td>得或者失去电子数</td><td>元素化合价变化</td></tr><tr><td></td><td></td><td></td><td></td></tr><tr><td></td><td></td><td></td><td></td></tr></table> 【结论】氧化还原反应的特征是化合价变化，其实质是电子的得失。 【实验分析】判断 $Fe+CuSO_4=Cu+FeSO_4$ 应中电子转移的情况，并思考怎么证明这个实验中有电子转移。 【演示】铁—铜原电池实验，让学生推测实验现象。 【结论】氧化还原反应的本质：电子得失，且得失电子的总数相等。失电子—化合价升高—发生氧化反应；得电子—化合价降低—发生还原反应	活动1：完成表格，得出结论：氧化还原反应中元素化合价随着反应过程中电子得失数目变化。 【展示】利用双线桥对 $2Na+Cl_2\text{===}2NaCl$ 进行分析。 活动2：分析铁和硫酸铜反应中元素化合价和原子的电子转移。 【结论】可以转移的电子定向移动形成电流来证明。 活动3：观察实验现象，根据实验现象得出恰当的结论。 活动4：交流分享氧化还原反应中电子得失与化合价、氧化反应和还原反应的关系	建立起宏观—微观的桥梁，从特征到本质，通过实验突破教学难点，深化对氧化还原反应的实质是电子转移的认知。 证据推理能力的培养。 整合知识体系，对分散的知识进行结构化处理

教学环节	教师活动	学生活动	设计意图
交流再探	是不是所有的氧化还原反应中的都存在电子得失的情况呢？原子最外层电子得失取决于什么因素。分析 $2H_2+Cl_2=2HCl$ 中个元素的原子核外电子排布情况，和上述分析的反应有何不同	【自主学习】对比分析 $2H_2+Cl_2=2HCl$ 中元素的原子核外电子排布情况	培养归纳分析能力，提高化学思维

第二节　"第四章　物质结构　元素周期律"内容分析

一、本章地位

（一）章引言分析

在引言中，以问题的形式呈现第四章主要学习内容，即"发现和研究元素之间的内在联系及相互结合形成各种物质的方式"，也明确了本章的核心知识是"研究粒子间相互作用方式"，核心观念是"微粒观"，学习本章知识的价值在于"通过研究粒子间的相互作用，认识化学反应本质"；逐步建立"结构决定性质的观念"。

（二）本章知识地位和作用

原子结构与元素周期表、元素周期律、化学键是中学化学的核心概念之一。初中阶段，学生认识了原子结构，知道原子核外电子分层排布、元素性质与原子最外层电子数有关，知道有元素周期表，但是不知道元素周期表的结构与原子结构的关系；知道物质由微观粒子构成，但不知道构成物质的微粒与原子结构的关系。高中必修阶段，深化了对核外电子分层排布特点的认知，学生要理解原子结构与元素性质、元素周期表的关系，形成"构—位—性"学科思想，能从原子最外层电子转移的角度建立化学键模型。后续高中选择性必修课程，对原子结构、元素性质、化学键的认识还要进一步深化。

高中必修阶段，宏观层面，从物质类别和元素价态等宏观角度认识物质性质及其转化；在微观层面，基于元素周期表（律）探寻物质转化背后的实质规律。在此基础上，形成变化观、分类观、微粒观等学科观念，从"宏观+微观"两个层面使对元素性质、物质性质及其变化规律、化学基本原理的认知由感性走向理性、从表象走向本质。

二、知识体系特点分析

（一）高中化学课标链接

结合人教版教材编写内容，"物质结构　元素周期律"内容设计依据高中化学课标的必修课程"课程内容"的主题1、主题3、主题5（和教材编写内容相关，此处不分析）：

1.3　学习研究物质性质，探究反应规律等不同类型化学实验及探究活动的核心思路与基本方法。

1.4　树立安全意识。

3.1 原子结构与元素周期律 认识原子结构、元素性质与元素在元素周期表中位置的关系。知道元素、核素的含义，了解原子核外电子的排序。结合有关数据和实验事实认识原子结构、元素性质呈周期性变化的规律，建构元素周期律。知道元素周期表的结构，以第三周期的钠、镁、铝、硅、硫、氯，以及碱金属和卤族元素为例，了解同周期和主族元素性质的递变规律。体会元素周期律（表）在学习元素化合物知识与科学研究中的重要作用。

3.2 化学键 认识构成物质的微粒之间存在相互作用，结合典型实例认识离子键和共价键的形成，建立化学键概念。知道分子存在一定的空间结构。认识化学键的断裂和形成是化学反应中物质变化的实质及能量变化的主要原因。

解析：课程内容中的概念原理类知识较多，概念原理类知识的要求大部分处于理解、分析、创造层次，具体来看，根据《普通高中化学课程标准（实验）》（2003）中对课程目标中行为动词归类的说明，本章知识教学目标要求层次如表3-16所示。

表3-16 "物质结构 元素周期律"学习目标层次解析

学习目标层次	具体知识	对应的学业要求
记忆	元素、核素、原子核外电子的排序	能画出1~20号元素的原子结构示意图
理解	建构元素周期律，了解同周期和主族元素性质的递变规律	用原子结构解释元素性质及其递变规律，结合实验及事实说明
	认识化学键的断裂和形成是化学反应中物质变化的实质	能基于化学键解释具体的化学反应
分析	化学键	能判断简单离子化合物和共价化合物中的化学键类型
评价	元素周期律（表）在学习元素化合物知识与科学研究中的重要作用	能结合有关资料说明元素周期表对于合成新物质、制造新材料的指导作用
创造	认识原子结构、元素性质与元素在元素周期表中位置的关系，掌握研究元素性质的核心思路与基本方法	能利用元素在周期表的位置、原子结构，分析、预测、比较元素及其化合物的性质

（二）知识结构框架

1. 知识体系建构特点

整合教材可以看到，"物质结构 元素周期律"这一章内容的知识框架如图3-2所示。

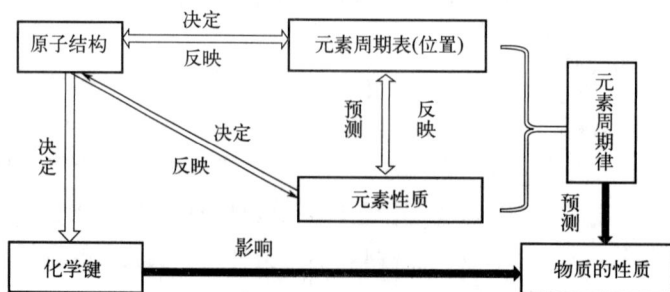

图3-2 "物质结构 元素周期律"知识结构图

从图 3-2 中我们可以发现，本章主要从微观角度探索研究物质性质的方法，本章知识体系有以下特点：

（1）知识围绕原子结构特点展开，探索元素之间的内在联系，通过证据推理进一步认识元素性质及其递变规律，并通过研究粒子之间的相互作用认识化学反应的本质，逐步建立结构决定性质的观念。

（2）单一原子到多原子的体系设计。

第一节，从原子结构微观层面认识：①元素周期表结构与原子结构的关系；②原子结构中的电子层数、最外层电子数、原子半径与原子得失电子能力的关系；③原子得失电子能力与元素性质、物质氧化性和还原性的关系；④以碱金属和卤族元素为例，了解主族元素性质递变与原子结构变化的关系；⑤实验探究元素金属性和非金属性的方法。初步建构起研究元素性质的微观视角（原子结构）和宏观视角（实验方法），形成微粒观、变化观。

第二节，从微观视角和宏观视角出发研究元素性质，以第三周期为例，分析同一周期元素原子结构变化特点，预测元素性质，再以钠、镁、铝、硅、硫、氯为例开展实验探究，了解同周期元素性质的递变规律。整合同主族、同周期元素性质递变规律，建立元素周期律的模型，形成位—构—性研究物质性质的科学方法。

第三节，从原子结构特点的视角，从第二节的单原子结构对物质性质的影响，上升到微粒间的相互作用，形成化学键概念，初步了解化学键对物质性质的影响。

（3）多思维模型的建构。

这一章需要学生建构多种思维模型，抽象思维能力要求高。这些模型有：原子结构模型、研究元素性质的思维模型、元素周期表、元素周期律、位—构—性、离子键、共价键、电子式、分子结构式等。

2. 知识重难点分析

（1）知识基础：

主要涉及原子结构、原子的核外电子排布、最外层电子、化合价、构成物质的微粒、金属活动顺序表。

（2）重点：元素周期律及其运用、位—构—性的关系、化学键的判断。

（3）难点：结合知识特点和学生认知水平，难点包括：元素性质的预测和验证；元素周期律的应用；位—结—性的观念；化学键的形成过程的思维模型。

（4）主要发展宏观辨识与微观探析、变化观念、科学探究、证据推理和模型认知、科学态度等素养。

3. 教学目标

【试一试】根据上述分析，试着确定本章教学目标。

（1）_____

_____。

（2）_____

_____。

（3）_____

_____。

（4）_____

_____。

（5）_____

_____。

三、教材分析案例

（一）案例 1　原子结构与元素的性质

1. 知识体系分析（图 3-3）

（1）课标的"内容要求与学业要求"解读。

高中化学课标链接（表 3-17）。

表 3-17　"原子结构与元素性质"课标要求

内容要求	学业要求
认识原子结构、元素性质与元素在元素周期表中位置的关系	能利用元素在元素周期表中位置，分析、预测、比较同主族元素及其单质性质
以碱金属和卤族元素为例，了解同主族元素性质的递变规律	用原子结构解释同主族元素性质递变规律，并能结合实验及事实说明

【思考】①学业要求中提到的"原子结构"，能影响元素性质的是哪些原子结构？

②原子结构与元素性质是什么关系？元素性质与物质性质是什么关系？

③哪些实验及事实能证明元素性质及其递变性？

解析：①认识原子结构、元素性质与元素在元素周期表中位置关系。

a. 元素性质指元素的金属性或者非金属性。

金属性指元素的原子失电子能力，非金属性指元素的原子得电子能力；原子结构中的核外电子层数、最外层电子数目、原子半径都会影响原子得失电子的能力，因此原子结构决定元素性质，从原子结构中可以预测元素性质。

b. 单质性质。从电子转移的角度可知物质是否具有氧化性和还原性。具有金属性的元素，其单质具有还原性；具有非金属性的元素，其单质具有氧化性。

c. 能证明元素性质及其递变性的实验及事实。

微观判断：原子结构。

宏观判断：

元素金属性强弱判据，它的单质：a. 从水中置换出氢难易程度；b. 从酸中置换出氢难易程度；c. 最高价碱的碱性越强。

元素非金属性强弱判据：a. 单质与氢气形成气态氢化物难易程度；b. 气态氢化物的稳定性；c. 最高价含氧酸酸性强弱与元素非金属性呈正相关。

②以碱金属和卤族元素为例，了解同主族元素性质的递变规律。

教材从同主族的碱金属、卤族元素的原子结构示意图、核外电子层数、最外层电子数目、原子半径等数据呈现原子结构。学业要求中提到的"原子结构"，分析核电荷数、原子核外电子排布的电子层数、最外层电子数、原子半径等数据，可以推断原子得失电子的能力，预测元素性质。

同主族元素性质具有递变性，因此，相应单质的氧化性或者还原性的强弱有递变性。

（2）知识体系。

通过分析碱金属和卤族元素的原子结构特点，预测同主族元素性质及其递变性，然后通过实验验证猜想；同时根据元素的（非）金属性预测该元素单质的氧化性（或者还原性），并设计实验证实或证伪。例如，通过分析碱金属元素原子最外层的电子数为1，最外层电子数小于4容易失去电子，预测碱金属元素具有金属性；通过对比分析碱金属元素原子从上到下，电子层数增加、原子半径增加，导致碱金属元素原子核对最外层电子的束缚力降低，失电子能力增强，因此，预测碱金属元素从上到下，金属性增强。随着元素金属性增强，碱金属单质的还原性也增强。

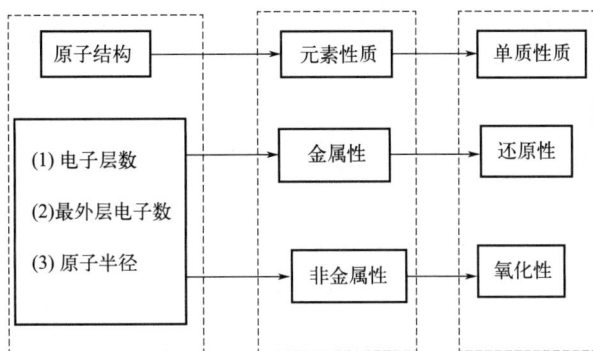

图 3-3　"原子结构与元素性质"知识结构图

2. 栏目解析

（1）【思考与讨论——碱金属原子结构】

栏目功能：以碱金属为例，观察同主族金属元素原子结构特点，分析这样的原子结构特点对原子失去最外层电子的影响。

知识点：①最外层电子数小于4容易失去电子，碱金属元素性质具有金属性；②碱金属元素原子从上到下，电子层数增加，原子半径增加，失电子能力增强，金属性增强；③碱金属元素原子最外层电子数都为1，性质具有相似性，电子层数增加，金属性增强，性质具有递变性；④碱金属元素的金属性，对应的单质为还原性，并且还原性从上到下逐渐增强。

教学策略：细化教材中问题设计，在自主学习的基础上，引导学生形成结构决定性质的观念。

【练一练】对比分析"图4-10　卤族原子结构示意图"，归纳卤族原子结构特点，预测卤族元素性质及其递变性，思考卤族元素性质对卤素单质性质的影响。

（1）卤族原子结构特点：＿＿＿＿＿＿＿＿＿＿＿＿＿＿＿＿＿＿＿＿＿＿＿＿＿

＿＿＿＿＿＿＿＿＿＿＿＿＿＿＿＿＿＿＿＿＿＿＿＿＿＿＿＿＿＿＿＿＿＿＿＿＿。

（2）卤族元素性质：＿＿＿＿＿＿＿＿＿＿＿＿＿＿＿＿＿＿＿＿＿＿＿＿＿＿＿＿

＿＿＿＿＿＿＿＿＿＿＿＿＿＿＿＿＿＿＿＿＿＿＿＿＿＿＿＿＿＿＿＿＿＿＿＿＿。

（3）卤素单质性质：＿＿＿＿＿＿＿＿＿＿＿＿＿＿＿＿＿＿＿＿＿＿＿＿＿＿＿＿

＿＿＿＿＿＿＿＿＿＿＿＿＿＿＿＿＿＿＿＿＿＿＿＿＿＿＿＿＿＿＿＿＿＿＿＿＿。

（2）【探究——碱金属化学性质的比较】

【思考】

①栏目的类型为"探究"，这对教师选择教法提出什么要求？你知道如何开展探究吗？

②栏目名称为碱金属化学性质，这是指单质的还原性，从原子结构到单质性质，是怎样预测的？哪些实验事实证明碱金属单质具有还原性？如何证明还原性在增强？

③哪些实验事实可以证明碱金属元素具有金属性？哪些实验事实证明碱金属从上到下，金属性在增强？

栏目功能：a. 通过钾、钠与氧气反应，证明碱金属单质具有还原性，对比与氧气反应的条件和反应剧烈程度，推导出钾的还原性强于钠；b. 通过钾、钠与水反应的难易程度，证明钾的金属性强于钠，推导出从上到下，同主族元素金属性增强；c. 体验科学探究过程，提升证据推理能力和逻辑思维能力；d. 培养实验安全意识。

知识点：以碱金属为例，同主族元素，从上到下，金属性在增强，金属单质的还原性也随之增强。

教学策略：

a. 教材没有完全按照科学探究的一般程序展示内容，教师需要对比高中化学课标中科学探究的一般程序，分析这部分探究教学的重点在哪里；

b. "问题和预测"部分针对的是碱金属单质的还原性，与前序内容中预测出碱金属的金属性有一定的思维跳跃度，建议教师增加对元素金属性的预测的问题设计；

c. 突出验证元素金属性强弱的实验设计思路和方法。

（3）【思考与讨论——卤族元素性质及其递变性】

栏目功能：归纳表 4-4 中的验证元素非金属性强弱的实验设计思路和方法；引导学生形成"宏观+微观"研究元素性质的思维模型。

知识点：

①最外层电子数为 7，大于 4，极易得到电子，卤族元素性质主要表现非金属性。

②卤族元素原子从上到下，电子层数增加，原子半径增加，得电子能力减弱，非金属性减弱。

③元素非金属性强弱的宏观判据为，与氢气生成气态氢化物的难易程度、氢化物的稳定性、最高价含氧酸的酸性强弱。

教学策略：

a. 突出元素非金属性强弱的实验设计思路和方法；

b. 归纳总结研究元素性质的方法；

c. 根据栏目特点，加强自主学习能力培养。

（4）【实验 4-1——卤族氧化性及其判断方法】

栏目功能：通过实验现象推导出卤族单质的氧化性强弱，掌握根据氧化还原反应判断物质氧化性和还原性强弱的方法，提升化学学科研究能力。

知识点：

①卤族单质的氧化性及其递变性。

②化学反应中涉及的化学反应原理、颜色变化。

③单质的氧化性与元素非金属性的关系。

④判断物质氧化性强弱的实验设计和事实推导方法。

教学策略:

a. 突出物质氧化性强弱的判断方法（氧化性：氧化剂>氧化产物）；

b. 不能将实验与标题"卤族单质间的置换反应"简单对应，建立"元素性质—单质性质"相互影响和联系的学科思维；

c. 卤族单质的置换反应及现象、氧化性的判断均为教学重点。

思考与交流

阅读教材"2 卤族元素"，思考并回答：

（1）表4-2、表4-3分别为碱金属、卤族单质的物理性质，从上到下，物理性质的递变有何异同？如何解释？

（2）根据课标，卤族元素教学的重点为"以卤族元素为例，了解同主族元素性质的递变规律；用原子结构解释同主族元素性质递变规律，并能结合实验及事实说明。"这段话在教材中是如何体现的？

（3）教材的卤族元素的二级标题为"卤素单质与氢气反应、卤素单质间的置换反应"，体现出了课标要求吗？结合课标，你还可以如何优化二级标题？

提示：卤素单质与氢气反应的实验设计意图——卤族元素性质设计，卤素单质间的置换反应的实验设计意图——卤素单质性质（氧化性）设计。

【知识整理】分析"原子结构与元素性质"知识体系框架，试着根据教材分析结果完成下列任务。

1. 完善知识结构（表3-18）

表3-18 "原子结构与元素性质"知识结构

层次	维度			
	知识	能力	价值	素养
显性				
隐性				

2. 确定教学重难点和教学目标

（二）案例2 元素周期律

1. 知识体系分析

（1）课标的"内容要求与学业要求"解读。

①高中化学课标链接（表3-19）。

表 3-19　"元素周期律"课标要求

内容要求	学业要求
以第三周期的钠、镁、铝、硅、磷、硫、氯为例，了解同周期元素性质的递变规律	能用原子结构解释同周期元素性质及其递变规律
结合有关数据和实验事实认识原子结构、元素性质呈周期性变化的规律，建构元素周期律	解释同周期、同主族元素性质递变，并能结合实验及事实进行说明
认识原子结构、元素性质与元素在元素周期表中位置的关系	能利用元素在元素周期表中的位置和原子结构，分析、预测、比较元素及其化合物的性质
体会元素周期律（表）在学习元素化合物知识与科学研究中的主要作用	能结合有关资料说明元素周期律对合成新物质、制造新材料的指导作用

②解析。

a. 以第三周期的钠、镁、铝、硅、磷、硫、氯为例，了解同周期元素性质的递变规律。

以第三周期为例，对比分析同周期元素原子结构特点，预测元素性质变化规律，设计实验探究同周期元素的金属性、非金属性的递变规律。

b. 结合有关数据和实验事实认识原子结构、元素性质呈周期性变化的规律，建构元素周期律。

宏观数据是指原子价层电子排布、原子半径和电子层数等数据，实验事实一般指向能判断元素金属性或者非金属性的实验现象。元素性质的探究可以通过微观的原子结构和宏观实验事实共同来完成，结合前一节通过研究碱金属和卤族元素得出的同主族元素性质递变规律，总结出元素周期律。

c. 认识原子结构、元素性质与元素在元素周期表中位置的关系。

认识位—构—性的关系，能分析、预测、比较元素及其化合物的性质。

d. 体会元素周期律（表）在学习元素化合物知识与科学研究中的主要作用。

了解元素周期律反映了元素之间的内在联系，是学习、研究和应用化学的一种重要工具。

（2）知识结构。

结合教材编写，整合后的知识体系如表 3-20 所示。

表 3-20　"元素周期律"知识体系

层次	维度			
	知识	能力	价值	素养
显性	元素周期律、元素周期律的应用	探究能力、收集证据能力、推理能力、数据分析能力	将化学研究成果应用于生产的意识	宏观辨识与微观探析、证据推理、探究能力
隐性	研究元素性质的思维模型	实验方案设计能力、元素周期律的迁移应用能力	量变引起质变的辩证唯物主义观	模型认知

2. 教学目标分析

①具备的基础知识和能力有：a. 原子结构；b. 元素周期表；c. 初步掌握研究元素性质

的方法；d. 初步掌握设计实验探究元素性质的思路和方法。

②教学重难点。

重点：同周期元素呈现周期性变化的原因及其规律；元素周期律；位—构—性关系的建立；元素周期律的应用。

难点：位—构—性关系的建立；元素周期律的应用。

③教学目标。

a. 探究第三周期元素原子结构特点，建立基于位—构—性研究物质性质的科学方法；

b. 通过探究第三周期元素金属性与非金属性的递变规律，提高实验方案设计、评价、实施素养；

c. 建构元素周期律，形成量变到质变的辩证唯物主义思想；

d. 通过列举生活中的实际应用，了解元素周期律在生产生活中的实际应用。

3. 栏目解析

(1)【思考与讨论——同一周期性元素原子结构变化特点】。

栏目功能：在表 4-5 的基础上，分析前三周期元素电子层数、最外层电子数、原子半径、化合价等性质，从而归纳总结出每一个周期元素原子结构变化特点，进而预测元素性质的变化特点。

知识点：原子序数的递增，元素原子的核外电子排布、原子半径和化合价都呈周期性的变化。

教学策略：

①对比第二和第三周期的原子半径数据，分析电子层数与原子半径的关系，分析影响原子半径的因素。

②化合价的教学重点在哪里呢？认知误区一般是，化合价的数目与原子得失电子能力相关。实际上，化合价的数值与原子最外层电子数目相关，根据原子最外层电子数判断化合价数值；化合物的正负号意味着原子得失电子的情况，可以从化合价的正负号判断元素性质，原子得失电子的能力需要综合考虑原子半径、核电荷数、电子层数等数据。

例如，第二周期元素的化合价数据，第二周期前三种元素的化合价只有正值，说明这三种元素只表现金属性，后面的 O、F 两种元素化合价只有负值，说明这两种元素只表现出非金属性。同理，第三周期元素前面的 Na、Mg 两种元素化合价为+1、+2 价。"+"说明这两种元素表现出金属性，"数值 1、2"说明这两种元素的原子的最外层电子分别为 1、2。从原子半径的数据来看，Na 失电子的能力强于 Mg，因此钠元素的金属性强于镁元素。由此可见，化合价数值与元素金属性和非金属性无关。

思考与交流

硅元素的化合价有+4、−4，你是怎么理解这些数据的？你从哪些化合价的数据分析出同周期元素从左到右金属性减弱、非金属性增强？

(2)【探究——第三周期元素性质的递变】。

栏目功能：该探究中包括问题讨论、实验比较、信息获取以及结论分析四部分，功能有：

①根据第三周期元素原子结构特点，推测出该周期元素金属性和非金属性的递变规律。

②通过实验探究，验证第三周期元素金属性和非金属性递变规律。

③实验设计能力、信息获取能力、知识迁移的培养。

知识点：

①探究元素金属性实验设计思路：镁、钠与水的反应的剧烈程度，含镁、铝元素最高价碱的碱性强弱。

②探究硅、磷、硫、氯的等非金属性递变的实验设计方法：最高价含氧酸的酸性强弱。

③第三周期元素性质的递变规律。

教材策略：

①突出学习方法，进一步总结研究元素性质的实验设计思路；

②探究栏目的设计，凸显探究能力的培养，建议将教材中的实验设计方法进行拓展，例如从金属与酸反应的剧烈程度、H_2 与 S、Cl_2 反应的难易程度、氢化物的稳定性等多角度开展实验设计；

③教材呈现了核心问题"第三周期元素的金属性和非金属性的变化规律"，建议教学中整理知识点后，设计问题组以促进学生深度学习。

【试一试】根据"探究——第三周期元素性质的递变"的知识特点和编写特点，设计问题组来带领学生学习。

（3）【科学史话——门捷列夫的预言】。

栏目功能：

①从化学史的角度出发，以门捷列夫预言镓元素的周期表位置、锗元素的存在和性质来说明元素周期律的应用和价值。

②展现新元素的发现历史进程，说明化学的学习需要掌握规律，同时激发学生探索化学的兴趣。

知识点：

①元素所在位置与性质的关系。

②了解从化学史的角度学习化学知识的意义。

教材策略：和教材正文中元素周期律和周期表的应用相呼应，整理出元素周期律应用的知识体系。

4. 微课示例：探究——第三周期元素性质的递变

从学情来看，学生通过同主族元素性质的学习，初步了解了实验探究元素金属性和非金属性的思路和方法。结合前面对同周期元素原子结构特点的分析，我们知道第三周期的 Na、Mg 两种元素化合价为+1、+2 价，元素只表现出金属性，后面的 Si、P、S、Cl 四种元素的化合价出现了-1、-2、-3、-4 等化合价，说明这几种元素表现出来明显的非金属性。对学生来说，比较困惑的是铝元素，化合价只有正价，但是教材通过 Al（OH）$_3$ 的两性证明铝元素的两性，铝元素是处于金属向非金属过渡的元素。

①教学重难点。

重点：第三周期元素周期律变化规律的实验方法。

难点：实验方案设计。

②教学目标。

a. 通过实验探究元素金属性和非金属性强弱，认识同周期元素性质的递变规律性变化，形成量变引起质变的辩证唯物主义观；

b. 通过实验探究第三周期元素性质的递变，培养科学探究能力。

③教法学法。

a. 教法：实验探究法。

b. 学法：自主学习、合作学习、观察法。

④教学过程（表3-21）。

表3-21　"第三周期元素性质的递变"教学过程

学习任务	教师活动	学生活动	设计意图
核心任务：预测第三周期元素性质	导入：已知同周期元素的原子核外电子排布、原子半径、化合价都会呈周期性变化，据此判断第三周期元素元素的金属性、非金属性	活动：填表 | 元素	预测性质	依据
---	---	---
Na		
……		| 活动：交流讨论	以第三周期的核外电子排布规律进行推测，初步培养证据推理与模型认知的核心素养
实验探究元素金属性	问题：Na、Mg 两种元素具有金属性，根据探究金属性的实验方法，设计药品实验方案； 药品：Na、Mg、Al 蒸馏水、稀盐酸； 结论：金属性：Na>Mg>Al	活动：整理探究元素金属性及其强弱的思路； 活动：以小组为单位，完成探究Na、Mg、Al 等元素金属性强弱变化的实验方案	进一步深化实验研究元素性质的方法，提升科学探究能力
探究铝元素的两性	启发：第三周期的 Si 具有+4、-4价，表现出一定的金属性和非金属性，那么，硅元素的非金属性是逐渐显现的还是突然出现的？怎样证明？ 问题：金属元素最高价碱的碱性强弱也可以证明元素的金属性强弱。怎样探究 Mg(OH)$_2$、Al(OH)$_3$ 的碱性？ 结论：Mg(OH)$_2$ 只有碱性，Al(OH)$_3$具有两性，说明铝元素有两性	活动：设计实验证明 Mg(OH)$_2$、Al(OH)$_3$ 的碱性及其强弱。 展示活动方案	初步建构两性的概念
实验探究元素非金属性	问题：根据预测，Si 到 Cl 几种元素具有非金属性，整理实验探究非金属性的实验方法。 问题：阅读教材有关这几种元素最高价含氧酸的酸性强弱数据，除此之外，还有哪些事实可以说明它们的变化规律？ 结论：非金属性：Si<P<S<Cl	活动：整理探究元素非金属性及其强弱的思路； 活动：阅读教材，归纳从 Si 到 Cl 等元素非金属性强弱变化规律。根据探究元素非金属性及其强弱的思路，提出其他研究方法	以实验和信息分析作为教学出发点，展现化学的学科本质

学习任务	教师活动	学生活动	设计意图
归纳总结	结论：同一周期，从左到右，元素金属性减弱，非金属性增强	研究元素性质的方法有……	通过对学生已有认知的评价，归纳总结元素周期律

【练一练】以"元素周期表和元素周期律的应用"中的"元素在周期表的位置反映了元素的原子结构和性质。在认识了元素周期表以后……科学家依据元素周期律和周期表对元素性质进行系统研究，可以为新元素的发现以及预测它们的原子结构和性质提供线索。"内容为例，开展教材分析和教学实践研究。

（三）案例3 化学键

【文献阅读】

阅读文献：

①《化学键学习前学生的前概念调查与转变策略探析》❶，文献中提到学生在学习化学键概念前，有哪些前概念？对化学键的错误认知有哪些？

②《不同版本教材对教学设计的影响——化学键教学引发的思考❷》，对比不同高中化学必修新教材中化学键的编写特点，这些编写特点对人教版化学键内容的教材使用提出了何种要求？

1. 知识体系分析

（1）课标的"内容要求与学业要求"解读。

①高中化学课标链接（表3-22）。

表3-22 "化学键"课标要求

内容要求	学业要求	化学学科核心素养
认识构成物质的微粒之间存在相互作用，结合实例认识离子键和共价键的形成，建立化学键概念	能判断简单离子化合物和共价化合物中的化学键类型	微观探析、宏观辨识
知道分子存在一定的空间结构	知道常见分子的空间结构	模型认知
认识化学键的断裂和形成是化学反应中物质变化的实质	能基于化学键解释某些化学反应	变化观念

②不同版本教材知识体系对比（表3-23）。

表3-23 不同版本教材中"化学键"设计元素对比

维度		人教版	鲁科版	苏教版
篇幅		4页	6页	7页
知识体系	共同	化学键、离子键、共价键、电子式、离子（共价）化合物、（非）极性键、分子结构模型		
	独有	将分子间作用力作为拓展	将（非）极性键作为拓展	将分子间作用力作为拓展

❶ 曾友良，肖小明．化学键学习前学生的前概念调查与转变策略探析 [J]．化学教育，2014（13）：27-30.

❷ 相佃国．不同版本教材对教学设计的影响——化学键教学引发的思考 [J]．化学教育，2012（7）：13-16.

维度	人教版	鲁科版	苏教版
栏目类型及数量	2个栏目，均为资料卡片	6个栏目，包括"联想·质疑、迁移·应用、交流·研讨、拓展视野、概括·整合"	7个栏目，包括"目标预览、温故知新、学以致用、交流讨论、观察思考、拓展视野、学科提炼"
图片	6种分子的空间结构模型	4种分子的空间结构模型、其他图片6幅	5种分子的空间结构模型、其他图片6幅

从表3-23可以看出，在知识点的选取上，三版教材都和课标要求吻合，分子间作用力在选择性必修课程中继续学习，因此在必修教材的编写上三个版本的处理方式各不相同。同时，（非）极性键三个版本教材的处理也不相同，这部分内容与学业水平质量的3-1"能说明物质的组成、官能团和微粒间作用力的差异对物质性质的影响。"比较接近，因此在必修阶段，运用极性键和非极性键解释物质性质的要求不高。

化学键的内容作为高中化学教学的难点，内容抽象，大多数学生难以深入理解，主要的学习障碍点集中在键的本质、分类、极性和八隅体规则等。学习困难成因主要有化学键概念体系自身的复杂性和抽象性、学生抽象思维的局限性、前后知识不连贯、三重表征困难、前概念和迷思困扰等，因此在苏教版和鲁科版教材中设计了大量的栏目，通过栏目开展形式多样的学生活动，例如模型建构、迁移应用、交流讨论等突破难点。因此，在教学实践中，增减学习任务表征类的学习活动，可有效提升教学质量。

③知识体系。

"化学键"部分的知识属于概念性知识，人教版教材在"化学键"部分的教学是自下而上地迁移，也可以理解为先学习小的概念再学习大的概念，也就是先学习离子键和共价键，最后总结学习化学键。即先学习离子键、化学键等下位概念，再学习化学键上位概念。在具体的离子键和共价键部分的知识呈现上，教材选择以典型的离子化合物氯化钠、典型的共价化合物氯气和氯化氢的形成过程为例，最终归纳出离子键和共价键的概念，这部分内容教材采用概念形成策略，通过举例—归纳—再演绎的方式，呈现了离子键、共价键和化学键的概念。

（2）知识结构（表3-24）。

表3-24　"化学键"知识结构

层次	维度			
	知识	能力	价值	素养
显性	化学键、离子键、共价键、电子式、（非）极性键	微观想象能力、模型建构能力	结构决定性质的学科观念	模型意识、微观探析
隐性	从化学键的角度分析化学本质	类比、归纳能力	变化观、宏—微—符一致	变化观念

2. 教学目标分析

①知识基础。

a. 核外电子排布、8电子稳定结构、物质得失电子。

b. 共用电子对的概念。

②重难点。

重点：离子键、共价键的概念；离子化合物和共价化合物的概念及其区分方法；化学反应的实质。

难点：构建离子键、共价键的理论模型；依据模型判断离子化合物、共价化合物中化学键的类型。

③教学目标。

a. 通过分析物质形成过程中微粒的相互作用，能从静电本质的角度认识离子键，并能从微观视角分析宏观的现象，建立宏微结合的分析视角。

b. 通过学习 $NaCl$、Cl_2、HCl 的形成过程的电子式表示，构建离子键、共价键认识的"宏观物质—构成微粒—微粒间相互作用"的认知模型。

c. 通过了解离子键、共价键模型的来源和演变的化学史，体验科学家的严谨论证推理，学习科学家们勇于创新的精神。

3. 教学策略

教学中要注重组织学生开展概括关联、比较说明等活动。在"化学键"本节内容中通过离子键、共价键的类比学习后，学生能够开展二者之间的比较说明，最终能够区分离子键和共价键，并且能够概括总结化学键的概念。

具体来说，无论是化学键概念的形成，还是离子键和共价键概念的形成，教材都采用上位概念学习。因此教师在选择教学策略时应采用形成策略。对于"化学键"部分的整体知识，可以采用化学键的认知发展的化学史进行教学。

（1）离子键概念教学。

介绍德国化学家柯塞尔的离子键理论，柯塞尔提出 8 电子结构，正负离子通过库仑力相互结合，从而引出离子键的教学。学生自主学习氯原子和钠原子形成氯化钠的微观过程，通过典型的离子化合物氯化钠的特点归纳出离子键概念、实质，以及常见的离子化合物；并通过氯化铝、氯化铍、氯化铵等反例再次强调离子键的实质。

（2）共价键概念教学。

介绍美国化学家路易斯的共价键理论，路易斯针对柯塞尔理论的不足，引入"电子对"的概念，用圆点表示价电子，从而引出共价键以及电子式表示共价化合物方法的教学。学生自主学习氯气、氯化氢形成的微观过程，通过典型的共价化合物的特点归纳出共价键的实质以及常见的共价化合物。通过呈现二氧化碳、水、甲烷等正例的结构式和分子结构模型说明共价键的实质。

（3）不断优化学生活动设计。

从国内外活动教学来看，建模活动、项目教学、益智游戏是主要形式，也是发展学生化学学科核心素养的重要载体，从国内外优质课例中可知：第一，活动的情境支架从生活生产入手；第二，让学生参与到资料搜集、小组讨论、设计和实施项目、评价反思等活动中，主动建构知识，理解概念，并学以致用。

（4）适当引入化学教育游戏。

信息技术与化学学科的融合是国内外研究的热点和重点，国外研究中呈现了多种极具创造性和趣味性的在线教育游戏。

4. 微课示例：共价键（表3-25）

表3-25　"共价键"微课示例

教学目标	1. 通过观看北斗导航卫星发射视频，激发爱国情怀； 2. 初步建立共价键的概念，发展宏观辨识与微观探析素养； 3. 通过利用绒线及带孔塑料珠搭建分子模型，学会从微观角度表示并理解化学键产生的本质，发展空间想象能力； 4. 通过用电子式、化学式等化学符号表达共价化合物和离子化合物，发展模型认知素养
教学重点	理解微粒间的相互作用、共价化合物与离子化合物的区别、电子式的书写
教学难点	理解微观粒子间的相互作用
教学方法	探究教学法、案例分析法、多媒体辅助法、游戏教学法

教学流程		
教师活动	预设学生活动	设计意图
板块1：感受微粒间存在相互作用		
提问：播放视频——我国成功发射第五十六颗北斗导航卫星，运载火箭是靠什么"飞上天"的？ 分析：液氢是由氢气液化得到，氢气是由氢原子构成	观看视频，思考： H原子与H原子是如何构成氢气分子的？带着这个问题进入本堂课的学习	感受我国航天事业的强大，激发学习兴趣
板块2：探究共价键的形成		
【初探共价键】请同学们画出H原子结构图，思考H₂的形成过程与NaCl的形成过程一样吗，也有电子的得失吗？ 【学习任务】以绒线代表价电子层，塑料珠代表电子，搭建的氢气分子模型。 【结论】通过共用电子形成稳定结构。 【再探化学键】以HCl的形成过程为例再探共价键。 【设疑】它们之间真的存在离子键吗？ 【提问】氢元素与氯元素位于元素周期表的哪个区域？ 【分析】氢元素和氯元素属于非金属元素，氢原子与氯原子的电子能力相差不大，它们之间没有发生电子的得失。 【结论】原子之间通过共用电子对形成的强烈的相互作用称为共价键。 【拓展】以自己对共价键的理解，利用材料包动手搭建符合稳定结构的Cl₂、H₂O。小组展示作品，说明搭建理由。 **总结共价键特征** 成键元素：一般是非金属元素 成键微粒：原子 成键本质：共用电子对	【学生活动】学生们画出H原子结构图，搭建的氢气分子模型。 分析：没有电子的得失，两个电子为两个原子共用。 【学生活动】书写原子结构图 预测1：与NaCl形成过程相似，氢原子失去电子变成氢离子，氯原子得到电子变成氯离子，它们之间通过离子键结合。 预测2：与H₂形成过程相似，氢原子的电子与氯原子最外层的一个电子形成共用电子对，两个原子都达到稳定结构。 【展示】 【小组讨论】共价键特征	通过书写、分析原子结构图特点，创设认知冲突。同时为解释氢原子间形成共用电子对搭建认知模型。 回顾旧知识，由元素所处位置分析性质，帮助学生建立"位—构—性"观念。 通过小组搭建并说明理由，通过动手搭建模型化抽象为具象，引导学生总结共价键的特征，发展模型认知素养

思考与交流

①教学设计中，针对教材编写有哪些创新？②共价键知识有何特点？教学设计中使用了哪些教学策略？

第三节　其他概念原理内容解读示例

一、案例1　物质的量的单位——摩尔

【讨论与交流】阅读人教版高中化学必修教科书物质的量，分析教材编写特点，教学重点是什么？难点在哪？教材是如何体现教学重难点的？

（一）知识体系分析

1. 教材编写特点解读

物质的量是物质的宏观质量、体积与微观粒子数目之间的换算关系的桥梁（图3-4）。

图3-4　"物质的量"在化学科学研究中的价值

在物质的量的整体教材内容呈现上，核心概念物质的量，通过物质的量、摩尔、摩尔质量、气体摩尔体积、物质的量浓度等物理量，实现一定量物质的质量、一定条件下气体体积与构成物质微粒数目的换算。研究物质性质及其变化的视角从单一到系统、从微观到宏观、从定性到定量，内容难度逐渐增加。

通过"物质的量的单位——摩尔"教学实现物质的量与微粒数目的换算，这部分内容结构如图3-5所示。

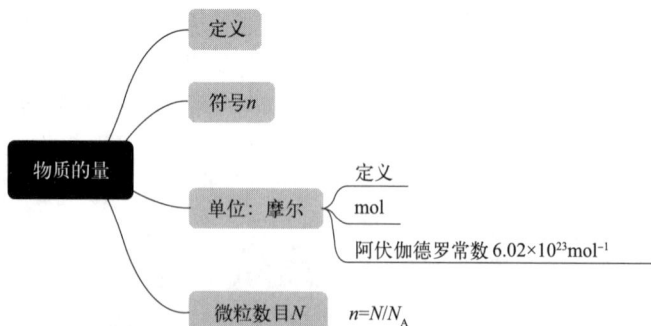

图3-5　"物质的量的单位——摩尔"知识体系

思考与交流

①整理教材中"物质的量的单位——摩尔"知识编写顺序，画出教材编写的知识主线；②对比分析："在日常生活中……同样，同样人们用摩尔作为计量原子、分子或离子等微观粒子的物质的量的单位""资料卡片-国际单位制（SI）的七个基本单位"。这段文本和资料卡片是什关系？你是怎么理解这一段话和资料卡片的？

提示：物质的量等七个基本单位，彼此之间互为并列概念，并列概念的教学采取概念同化策略，一般用类比法学习。

2. 知识结构（表3-26）

高中化学课标要求"了解物质的量的含义和应用，体会定量研究对化学科学的重要作用"，学业要求着重考查"基于物质的量认识物质组成及其化学变化，能进行简单计算"。对物质的量的知识的学业质量在 1 水平，要求能结合生产、生活、实验中的实际数据进行计算。综合分析，在"物质的量的单位——摩尔"中，重点是了解物质的量的含义，能进行物质的量和微粒数目的换算，同时教学的难点也在理解物质的量的含义。

表 3-26　"物质的量的单位——摩尔"知识结构

层次	维度			
	知识	能力	价值	素养
显性	物质的量，$n = N/N_A$	概念建构	定量研究的意义	宏观辨识与微观探析
隐性	物理量的模型建构	计算能力	科学方法——类比	实践能力

（二）教学策略

1. 创设情境，促进理解

情境 1　展示一瓶 500mL 矿泉水+水的分子晶体结构示意图，提出问题：

（1）可以从哪些角度描述这瓶水的量？

（2）追问，水是由水分子构成的，你知道 500mL 水里有多少水分子吗？

（3）展示数据和图片，一滴水里的水分子有 17 万亿亿个，所有中国人（14 亿）共同来数一滴水里的水分子，每人每分钟数 100 个，日夜不停，需要 2 万年才能数清！！！

（4）引出学习内容：化学既要从宏观角度也要从微观角度研究物质的变化，有什么简便的方法换算出一定量的物质里所含的微粒数目，物质的量的学习可以帮助我们解决这个问题。

情境 2　展示电解水的实验，写出化学方程式，提出问题：

（1）可以从哪些方面描述化学反应的意义？以电解水的反应为例说明。

（2）引导：物质发生的化学变化，既有质的变化（宏观生成新物质，微观新的微粒的生成），也有量的变化（宏观、微观），我们初中学习了根据化学反应方程式的计算，从物质宏观的质量变化的角度研究了物质的变化，那么如果要研究微粒数目的变化又该怎么办？

（3）日常生活经验告诉我们，宏观质量或体积越大的物质通过观察法计量个体的数量，但是对于看不见的微观粒子，通过观察法计量是行不通的，日常生活中有哪些计量微小物质的方法可以移植到微观粒子数目的计量中来呢？比如沙子、水泥等体积微小的物质。

（4）引出学习内容：体积微小的物质数目的计量是通过打包一个标准集合体（集合体中的物质数目一定），那么物质的数目=集合体的数量×一个标准集合体中的物质数量。按照这样的思路，构成物质的微观粒子计量，我们也可以设置一个标准集合体，集合体中的微粒数目一定，是不是就可以很方便地计量微观粒子的数目了呢？这就是我们今天要学习的物质的量，用于计量微观粒子数目。

2. 概念的同化策略

概念同化策略就是指学习者利用原有认知结构中适当的概念来建构新概念的方法。有意义学习理论认为，新知识的获得有赖于认知结构中原有的知识经验，新知识只有通过与旧知识的相互作用才能实现有意义的学习，这种新旧知识之间的作用的结果就是新旧知识的同化。

物质的量属于国际单位制的七个基本单位之一。和长度、质量、时间等物理量处于并列概念关系，适用于概念同化策略开展教学工作。学生在学习物质的量之前的有关物理量概念的经验还是很丰富的。日常生活中接触比较多的就是长度、质量、时间等物理量，日常生活当用米、厘米等来计量长度，用千克、毫克等来计量质量是学生相当熟悉的。教材展示也采用了这一策略，例如，展示国际单位制的七个基本单位，以及"用米、厘米等来计量长度；用千克、毫克等来计量质量"等的语言描述，都是在做类比，这样的教材编写有助于学生理解物质的量。教材中没有总括物理量的构成要素，教学中教师认为有必要的话，可以增加这一内容。

通过表 3-27 中"物理量、质量、物质的量"的对比，是不是可以很好地理解物质的量这一新概念了呢？

表 3-27 物质的量与其他物理量的对比

物理量的构成要素		质量	物质的量
名称及符号		质量，m	物质的量，n
定义		物体中含有物质的多少	含有一定数目粒子的集合体
单位	基本单位及符号	千克，kg	摩尔，mol
	基本单位量纲，符号	普朗克常数（h），固定数值为 $6.626×10^{-34}$ 来定义千克	阿伏伽德罗常数（N_A），定值约为 $6.02×10^{23}$ 来定义摩尔
	其他单位	克、毫克、微克、公斤等	毫摩尔、微摩尔等

通过对比，达到以下教学目的：完善有关物理量的构成要素模型，提升科学研究能力；降低物质的量定义的理解难度，特别是物理量单位中的基本单位和量纲；通过对比 $m=3kg$、$n=3mol$，明确物理量的描述必须加上单位才有意义。

（三）教学重难点和教学目标

1. 教学重难点

重点：认识物质的量的概念。

难点：建构物质的量与粒子数的转化模型。

2. 教学目标

（1）理解物质的量含义，初步建立宏微结合研究物质变化的思维模型。

（2）理解阿伏伽德罗常数含义，通过类比的方法认识未知、抽象的概念；提升解决实际问题的能力。

（3）初步学会物质的量与微观粒子间的转化，体会定量研究对化学科学的重要作用，形成定性和定量相结合解决化学问题的视角。

3. 教法学法

（1）教法：类比、归纳法。

（2）学法：小组讨论法、自主学习法。

（四）教学过程（表3-28）

表3-28 "物质的量的单位——摩尔"教学过程

教学环节	教师活动	学生活动	设计意图
情境创设	【PPT展示】运动后通常会感到口渴，你知道你喝下的一瓶水中含有多少个水分子吗？ 【提问】一滴水中含有约17万亿亿个水分子，观察法计数不可行，日常生活中有没有对体积特别小的物质计数的方法	【讨论】例如水都是一瓶等，都是一堆一堆计量的。我们可以将微粒以堆的方式计量吗	用生活中的一些集合体来举例，激发学习兴趣
引入新概念	【引导】化学是从原子、分子水平上研究物质的一门自然科学，以电解水为例说说怎么从微观上描述化学变化。 结论：研究化学变化中"量"的变化，不仅有宏观的质量变化，也有微观粒子数目的变化。 【提问】一定量的物质所含的粒子数目怎么转化呢？我们已经学过的物理量有对微观粒子进行计量的吗	【交流】描述电解水反应的微粒变化。 【思考】宏观质量与微观粒子数目怎么建立联系？怎么计量微观粒子数目	发展宏观辨识和微观探析素养
物理量的结构模型建构	【展示】七个基本物理量，提问，大家知道这些物理量有用于计量微粒数目的吗？ 【过渡】1974年国际计量大会第一次提出建构物质的量这个物理量，用于描述微观粒子数量。 【提问】如果我们在科研中，基于研究需求要引入一个新物理量，大家知道应该做哪些工作吗？请大家阅读教材，再结合已经学习过的物理量，总结物理量的构成要素。 【展示】根据大家的总结，我们知道了物理量的构成要素，大家完善有关物理量、质量的表格内容。 【强化】你学会怎么建构一个新物理量了吗	【观察】分析、排除，结合新课内容，找出物质的量。 【总结】阅读教材，分析已经学过多的物理量，试着总结物理量的构成要素。 【填写表格】根据物理量的构成要素，完善质量这一物理量的构成要素。 【总结】物理量的建构包括名称及符号、定义、单位及符号，基本单位量纲	通过类别，建构物质的量的结构模型，提升自主学习、实践创新能力

续表

教学环节	教师活动	学生活动	设计意图
物质的量	1. 物质的量的含义 阅读教材，回答下列问题： 物质的量是直接计量微粒数目吗？为什么？ 用自己的语言描述集合体的含义。 微粒有哪些？ 2. 物质的量的单位 阅读教材，完善表格。 摩尔与阿伏伽德罗常数有什么关系？ 阿伏伽德罗常数有没有单位？有没有符号	【阅读课本并回答问题】 【填表】根据教材对摩尔的描述，完成与质量对比的表格。 【思考与交流】完成对摩尔的进一步认知	类比分析，建构物质的量以及阿伏伽德罗常数的概念
转化			
课堂练习			
小结			

【练一练】完善有关物质的量教学设计表格的后面部分，说说设计理由。

二、案例2　原电池

【练一练】人教版高中化学必修教科书第36~37页"实验6-3……这种把化学能转化为电能的装置叫作原电池。在原电池中，电子流出的一极是负极，电子流入的一极是正极"。分析教材编写特点，化学知识体系框架图，试着根据教材分析结果设计教学过程。

（一）教材编写特点解读

1. 知识体系分析

（1）高中化学课标链接（表3-29）。

表3-29　"原电池"课标要求

内容要求	学业要求	化学学科核心素养
知道化学反应可以实现化学能与其他形式能量的转换	能举例说明化学电源对提高生活质量的重要意义	社会责任
以原电池为例，认识化学能可以转变为电能	能举出化学能转变为电能的实例	变化观念
从氧化还原反应的角度初步认识原电池的工作原理	能辨识简单原电池的构成要素。并能分析简单原电池的工作原理	模型认知

解析：

①从内容要求的学习目标行为动词"知道、初步认识、认识"可知，教学目标要求基本在理解层次；从学业要求来分析，对这些知识的考查以"举例、辨识、分析"为主，简单原

电池原理知识属于迁移应用水平，而原电池模型认知处于较低的辨识也就是记忆水平。结合学业质量水平中，对化学能与电能知识点的考查出现在水平三，也就是说复杂的原电池知识的考查不会出现在必修课程中。总结起来，必修课程中原电池的要求不高，能辨识原电池模型，能从氧化还原反应原理分析简单原电池工作原理，即写出简单的电极反应式。

②原电池的模型建构是将抽象知识具象化的过程，对高一学生而言，难度较大，因此学业要求处于辨识水平，教学中带领学生能抽象出模型简单迁移即可。

（2）人教版编写特点分析。

①人教版教材以"实验+文本+示意图（模型）"的形成呈现内容，包括原电池模型认知；原电池工作原理，即电极反应式；原电池概念。教材中实验与模型对应的方式，有助于学生建构原电池模型。

②原电池模型的建构是基于样例的归纳和总结，教材中的样例只有一个，这样的编排：对照实验装置抽象出原电池的构成稍有难度，根据一个样例分析、理解电极反应原理难度较大，能迁移到其他陌生的原电池难度太大。因此，教学中需要增加样例，通过适当变换的样例深化对原电池原理的理解。

③学生活动设计，教材中有一个课堂演示实验，对核心知识的表征需要增加学生活动，以多样化的学习任务促进课堂参与。例如，化学史的阅读、增加模拟原电池实验分析、增加迁移应用分析。

（3）教学难点分析。

学习需要具备的知识基础：氧化还原反应中电子的转移原理；物质氧化性、还原性的强弱。

学生的认知障碍点：如何认识电极材料与电极反应物（比如 Zn—Cu 原电池，如果将 Cu 换为碳棒）的关系；电解质溶液与电极反应物的关系（比如 Zn—Cu 原电池，将稀硫酸溶液换为硫酸铜）；原电池中氧化反应、还原反应分开的原理；微粒运动的方向判断。

2. 知识结构（表 3-30）

表 3-30　"原电池"知识结构

层次	维度			
	知识	能力	价值	素养
显性	原电池构成条件、原理	归纳、抽象思维	能量守恒、能量转化观	宏观辨识与微观探析
隐性	原电池模型建构	宏—微—符—致思想	赞赏化学知识贡献	模型认知

（二）教学目标分析

1. 教学重难点

重点：原电池的工作原理和构成条件。

难点：原电池结构模型。

2. 教学目标

（1）通过分析锌片、铜片和稀硫酸组合成的原电池装置，了解原电池的构成条件，建构原电池模型，提高模型认知素养；

（2）能分析简单的原电池的工作原理，能够正确书写电极反应式和电池反应方程式，形成能量转化观；

（3）通过分享伏打电池等化学电池发展史，体会科学与技术完美结合带给社会的进步与发展。

（三）教学示例（表3-31）

表3-31　"原电池"教学实例

教学环节	教师活动	学生活动	设计意图
创设情境	【展示】生活中各类电池，提出问题，大家知道最初的电池是什么样吗？ 【资料分析】1780年，意大利物理学家伽伐尼发现生物电现象，伏得悉后立即重复伽伐尼的实验。伏打用各种不同的金属搭配，进行了一系列的实验。伏打发现当不同金属浸入某些液体（事实上是导电液体）时，会产生电流，在此基础上发明了伏打电池（1799年）。伏打电池的发明是19世纪初物理学的最伟大发明之一，使人类对电现象的认识进入了一个完全预想不到的境界	【交流讨论】电池与我们的生活	创新意识，赞赏化学对社会发展的巨大贡献
实验探究原电池结构	【核心问题】我们可不可以根据伏打电池来设计电池装置呢？伏打电池的结构和工作原理是什么？ 【展示】对比分析下列装置图。 Zn　　Cu 稀H_2SO_4 （1） G Zn　　Cu 稀H_2SO_4 （2） 【演示实验】观察现象有何不同。 【总结】原电池装置需要：电解液；活泼性不同的电极；闭合回路	活动1：讨论分析伏打电池的结构和工作原理。 活动2：观察实验，对比分析两套装置结构的异同；分析两套装置的反应原理，预测实验现象的异同。 【结论】装置1与装置2的最大不同是由电线连接锌片和铜片； 两套装置的原理相同，都有H_2产生：均为$Zn + H_2SO_4 \xlongequal{} H_2\uparrow + ZnSO_4$，产生$H_2$的位置不同 装置2的电流计发生偏转，说明有电流产生，能将化学能转变为电能	实验观察能力、分析能力、模型建构能力

续表

教学环节	教师活动	学生活动	设计意图
原电池工作原理探析	【分析】两套装置的反应原理相同，为 $Zn+H_2SO_4 =\!=\!= H_2+ZnSO_4$，实验现象不同的原因在哪里？根据实验现象推测装置 2 电子的流动方向和 H^+ 的运动方向。 【问题1】根据实验现象，从宏观现象到微观本质，试着写出锌片上和铜片上得失电子的反应式。 提示：得失电子总数相等。 问题2：判断哪个电极发生氧化反应，哪个电极发生还原反应。 【结论】上述实验过程是氧化还原反应，发生了电子的转移，通过导线形成闭合回路产生电流。实现了将化学能转变为电能，这种将化学能转化为电能的装置就是原电池	【自主学习】锌失去电子，形成锌离子，锌所失去的电子经由导线到达铜片，溶液中的氢离子聚集到铜片上得到电子形成氢分子。 锌片：$Zn-2e^- =\!=\!= Zn^{2+}$ 铜片：$2H^++2e^- =\!=\!= H_2\uparrow$ Zn 失去电子，发生氧化反应； H^+ 得到电子，发生还原反应； 根据电流的方向，判断锌片为负极，铜片为正极	证据推理能力，宏观辨识与微观探析素养，宏—微—符相一致的学科思想
迁移应用	【实践】根据给出的仪器和要求组装原电池，写出相应的电极反应式。 铁片、银片、硫酸铜溶液、稀硫酸、铜片、导线、电流计	【设计原电池】设计装置，评价装置，写出反应原理	培养迁移应用能力、创新意识
归纳总结	结构化原电池模型	【画图】画出原电池装置及原理的思维导图	知识结构化

三、案例3　化学反应速率

【练一练】人教版高中化学必修第二册第 43～44 页"探究实验——影响化学反应速率的因素"。分析教材编写特点、化学知识体系框架图，试着根据教材分析结果设计教学过程。

（一）教材编写特点解读

1. 教材首先总体阐述"化学反应速率与反应条件有关"，以学生已有的初中化学知识——二氧化锰加快过氧化氢的分解为例，指导学生回顾旧知——催化剂可调控化学反应速率。

2. 举例说明日常生产生活中需要调控化学反应速率的场景，强调探讨影响化学反应速率因素的重要性。

3. 实验探究不同因素对化学反应速率的影响。

（二）知识结构（表3-32）

表3-32　"影响化学反应速率的因素"知识结构

层次	维度			
	知识	能力	价值	素养
显性	影响化学反应速率的因素	实验探究能力	社会公众的科学素养	科学探究、证据推理
隐性	变量控制法设计	证据收集能力	化学知识价值	社会责任

（三）教学重难点和教学目标

1. 教学重难点

重点：化学反应速率概念及其影响因素。

难点：化学反应速率影响因素的合理运用。

2. 教学目标

（1）通过实验探究浓度对化学反应速率的影响，发展科学探究素养。

（2）通过实验方案的设计和评价，掌握运用变量控制法设计实验思路。

（3）通过运用浓度对化学反应速率的影响规律解释生活实际问题，认识化学对社会发展的贡献，培养社会责任感。

3. 教法学法

教法：探究式教学法、问题解决法；学法：自主学习、合作学习。

（四）教学过程（表3-33）

表3-33　"浓度对化学反应速率的影响"教学片段

学习任务	教师活动	学生活动	设计意图
情境创设	【创设情境】 福州特产光饼，展示包装袋里的除氧剂； 【提问】除氧剂有什么作用呢？ 展示资料卡片一、二 【师生总结】除氧剂可以吸收氧气，进而减缓微生物生长、油脂氧化还原反应的速率。 【结论】降低食品包装袋中氧气的浓度，延长食品保质期	【阅读资料】讨论除氧剂的作用。 资料一：糕点的保鲜主要存在两方面的问题：其一，食品包装袋中的大量氧气会使好氧性细菌和霉菌快速生长，导致食品霉变和腐败。其二，油脂酸化，糕点中的植物油脂能被空气中的氧气氧化酸败。 资料二：脱氧剂是一类可以吸收氧的物质，使食品处于无氧状态（O_2浓度在0.01%以下），有效控制细菌、霉菌等微生物的生长，防止油脂氧化	以真实的生活问题创设情境，体会化学学科知识与生活的紧密联系，激发学习兴趣

学习任务	教师活动	学生活动	设计意图
感知生活中浓度对反应速率的影响	【核心问题】食品包装袋中的除氧剂降低了反应体系中氧气的浓度，减缓了食物变质，由此你对反应物浓度对化学反应速率的影响有何猜想？ 【提问】反应物浓度大小如何影响反应速率？说出你做出这种猜想的理由。 【引导】如何验证你的猜想是否正确？	【讨论，推测】：反应物浓度大小会影响化学反应速率。 【猜想】反应物浓度大，化学反应速率快；反应物浓度小，化学反应速率慢	基于宏观的生活现象，提出核心问题，发展收集宏观证据的素养
实验探究浓度对化学反应速率的影响	【提问】哪些现象可以说明一个实验反应的快慢呢？如何设计实验？请大家根据资料卡片三提出建议。 【学习任务】根据你的猜想，设计探究化学反应速率与反应物浓度的关系的实验方案，并说出设计的理由。 药品：$0.01mol/L$ $KMnO_4$、$0.1mol/L$ $H_2C_2O_4$、$0.1mol/L$ $FeCl_3$、$0.2mol/L$ $H_2C_2O_4$ 仪器：试管、量筒、秒表、酒精灯 原理：$2KMnO_4+5H_2C_2O_4+3H_2SO_4 \xlongequal{\quad\quad} K_2SO_4+2MnSO_4+10CO_2\uparrow+8H_2O$ 【资料】变量控制法：每次只改变一个因素控制其余因素不变，从而研究被改变因素与反应之间的规律。 【提问】有何现象？实验结论是什么？<table><tr><td>加入试剂</td><td>0.1mol/L $H_2C_2O_4$ 溶液</td><td>0.2mol/L $H_2C_2O_4$ 溶液</td></tr><tr><td>实验现象</td><td></td><td></td></tr><tr><td>褪色时间</td><td></td><td></td></tr><tr><td>结论</td><td></td><td></td></tr></table>【师生总结】反应物浓度越大，反应速率越快	实验现象的判断：比如，气体逸出快慢，溶液褪色快慢，沉淀生成快慢。 【预测】高锰酸钾溶液呈紫红色，通过观察溶液颜色快慢，判断反应速率快慢。 【设计实验方案】 两支试管中分别加入等体积 $0.1mol/L$ $H_2C_2O_4$ 和 $0.2mol/L$ $H_2C_2O_4$ 溶液，加入适量稀硫酸酸化，滴加量 $0.01mol/L$ $KMnO_4$，记录褪色时间。 【小组实验】实验并记录实验现象。 【现象】溶液由紫色变无色。草酸浓度越高，溶液褪色越快。草酸浓度越低，溶液褪色越慢	通过设计实验方案，发展变量控制的思想，培养科学探究能力。 发展基于实验事实的证据推理能力
迁移应用			
模型建构			

【学以致用】以教材中的"探究——影响化学反应速率的因素"为例，完成上述教学设

计中的"迁移应用、模型建构"教学设计。

四、案例 4　化学反应限度

（一）知识体系分析

1. 课标解读

（1）高中化学课标链接（表 3-34）。

表 3-34　"化学反应限度"课标要求

内容要求	学业要求	化学学科核心素养
了解可逆反应的含义，知道可逆反应在一定条件下可以达到化学平衡	能描述化学平衡状态，判断反应是否达到平衡	变化观念
体会从限度方面去认识和调控化学反应的重要性	能从化学反应限度的角度解释生产生活中简单的化学现象	社会责任

（2）解析。

①从内容要求的学习目标行为动词"知道、了解"可知，教学目标要求基本在理解层次；从学业要求来分析，对这些知识的考查以"描述、判断、解释"为主，可知教学重点是可逆反应的含义、化学平衡状态的特征（描述）及判断（应用）。

②化学平衡知识层次性的差异，必修课程教学重点为理解化学平衡状态的特征，选择性必修课程中化学反应限度的教学重点为影响化学平衡移动的因素和相关转化率的计算。根据学业质量水平可知，学业质量水平在水平 1 和水平 2 中没有关于化学平衡知识的评价要求，在"3-2"中的评价要求是"能根据化学平衡原理，说明影响化学平衡的因素；"4-2"能从提高转化率方面综合分析反应条件，提出有效控制反应条件的措施"。

综上，高中化学必修课程对化学平衡的教学重点为化学平衡特征及判断，学业质量水平不涉及化学平衡知识点的考查。

2. 教材编写特点分析

（1）人教版教材知识体系为"化学平衡及特征——化学反应条件的控制"。

①化学平衡建立的前提是可逆反应，人教版教材在前面元素化合物知识的学习中提到了可逆反应的概念，但是对可逆反应的宏观、微观、质变、量变等变化特点没有具体分析，因此建议教学中增加可逆反应案例，从以上几方面深化对可逆反应的认知。

②其中第二部分"化学反应条件的控制"涉及影响化学反应速率的因素和影响化学平衡移动的因素两个知识点。分析化学学业质量水平可知，在化学学业质量水平合格性考核中，有针对影响化学反应速率的因素的考查，但是没有针对影响化学平衡移动的因素这一知识点的考查要求。由此可知，教材中编写的有关"化学反应条件的控制"，教学中应侧重分析利用化学反应速率的影响因素指导生产生活的案例。

（2）知识呈现方式特点。

教材以文本的形式呈现有关化学平衡特征和反应条件控制的知识，课后增加"科学史话——炼铁高炉尾气之谜"，增进对可逆反应的感性认知，教学中也可以将这部分内容用于引入可逆反应，用于分析可逆反应在宏观、质变、量变特征的分析。

教材对学习任务的表征体现在"思考与讨论"栏目，讨论"为提高燃料的燃烧效率，应如何调控燃烧反应的条件"。提高燃烧效率的调控条件选择，需要化学反应速率、化学平衡移动知识才能做出正确的判断，但化学平衡移动的条件是选择性必修课学习的内容，因此，这一学习任务难度较大。

教材中对可逆反应、化学平衡特征、化学平衡状态的判断等知识点，没有设计相应的栏目，建议教学中进行任务驱动型学习，促进学生深度学习。

3. 知识结构（表3-35）

表3-35　"化学反应限度"知识结构

层次	维度			
	知识	能力	价值	素养
显性	可逆反应、化学平衡特征	模型建构	动态平衡的关键建构	宏观辨识与微观探析
隐性	化学平衡状态的判断	证据推理能力	工农业生产中的价值	社会责任

（二）教学重难点和教学目标

1. 教学重难点

重点：化学反应的限度；化学平衡状态判断。

难点：化学平衡状态判断。

2. 教学目标

（1）通过科学史话，知道可逆反应的特点，发展社会责任意识。

（2）理解并能描述化学平衡状态，发展"变化观念与平衡思想"素养。

（3）通过案例分析，体会从限度方面调控化学反应的重要性，认识控制反应条件在生产和科学研究中的作用。

3. 教法学法

（1）教法：启发式教学法、问题解决法。

（2）学法：自主学习、合作学习。

【研究性学习】

（1）对比人教版、鲁科版、苏教版必修课程中三本教材"化学反应限度"教材编写特点。

（2）根据鲁科版"可逆反应"教材编写内容，设计可逆反应的教学流程，并说明教学设计与教材编写的关系。

第四章　人教版高中化学必修课程元素化合物内容分析

学习目标：

1. 了解人教版无机元素化合物编写体系特点；
2. 掌握元素化合物知识教学策略；
3. 初步具备教学内容和教材研究能力，能结合课标和教材编写特点创造性使用教材；
4. 能结合 STSE 理念和学科核心素养设计课程内容育人素材，提升化学课程育人能力。

"元素及其化合物"是高中化学课程体系中的核心知识之一，承载着微粒观、元素观、转化观、结构决定性质、性质决定用途等化学观念，对于培养学生"宏观辨识与微观探析""变化观念与平衡思想""证据推理与模型认知""科学探究与创新意识""科学态度与社会责任"的化学学科核心素养具有重要意义。

根据高中化学课标，钠、铁、硫、氮、氯五种典型元素为高中化学必修课程中需要系统学习和全面掌握的代表性元素。甲烷、乙烯、乙炔、乙醇、乙酸五种物质为高中化学必修课程中需要了解的代表性有机物。

一、高中化学必修课程无机物内容概述

高中化学必修课程"常见无机物及其化合物"内容要求和学业要求如表 4-1 所示。

表 4-1　元素化合物的内容要求和学业要求

内容要求及教学目标		学业要求及考查目标	
知识点	目标	学业要求	目标
钠、铁、氯、硫、氮及其重要化合物主要性质	了解	列举、描述、辨识性质及其实验现象；写出相关化学方程式和离子方程式	记忆
钠、铁及其重要化合物在生产生活中的应用	了解	说明妥善保存、合理使用化学品的常见方法；说明对社会发展的价值、对环境的影响	运用
氯、硫、氮及其重要化合物的应用和对生态环境的影响	认识		
探索物质性质	了解	预测、分析、验证、设计实验；设计物质制备、分离、提纯、检验方案	创造
实现物质转化	掌握	说明物质转化路径	理解
物质及其转化在促进社会文明进步、自然资源综合利用和环境保护中的重要作用	认识	参与社会性议题的讨论	评价

根据表 4-1 中的教学目标表述，认识即对所学知识有着较为清醒的认知，但无法灵活地加以应用；了解即再认、回忆、辨识、能举例、能归纳总结特征等；掌握即能迁移应用。从低到高的要求是认识—了解—掌握，因此物质的转化路径设计、常见几种典型元素及其化合物性质、应用是教学的重点。根据学业要求，对学生的学业评价的重点在常见元素及其化合物的性质的记忆、根据物质的组成预测并验证物质性质、根据物质性质和物质转化思路设计、验证有关物质性质实验方案等。其中了解探索物质性质和实现物质转化是教学的难点。

二、高中化学必修课程有机物内容概述

在主题 4"简单的有机物及其应用"内容要求中，知识点有碳原子的成键特点、有机物中的官能团、常见有机物"乙烯、乙醇、乙酸"的主要性质与应用、"氧化、加成、取代、聚合"等反应类型、有机物的转化等，教学目标要求均在认识这一层次，有机化学研究的价值要求是知道、认识两个层次。因此，必修课程中有机化合物的教学目标要求不高。根据学业要求，"碳原子的成键特点""有机物中的官能团"这两个知识点的考查要求是能辨识碳原子的成键特点、有机物中的官能团、描述甲烷、乙烯、乙炔的分子结构特征并能搭建甲烷和乙烷的分子模型；常见有机物"乙烯、乙醇、乙酸"的主要性质与应用要求能描述化学性质及现象、书写方程式、鉴别等；有机化学研究的价值能列举、说明其在生活中的应用。

结合内容要求和学业要求可知，有机物教学重点在碳原子成键特点、官能团、常见有机物的性质等，对高一学生来说，教学难点在甲烷和乙烷的分子空间结构、有机物的鉴别等知识点。学业要求中，对有机反应类型和有机物的转化没有提出考查要求。在学业质量水平中，有机物相关知识点的考查，在 2 水平主要考查官能团，形成结构决定性质、性质决定用途的观念；有机物其他知识点的考查集中在学业质量水平的 3 水平。

总体来说，高中化学必修课程中无机元素及其化合物的教学目标要求高于有机化合物。

三、人教版高中化学必修课程元素化合物体系编排特点

人教版元素化合物知识体系的结构如图 4-1 所示。

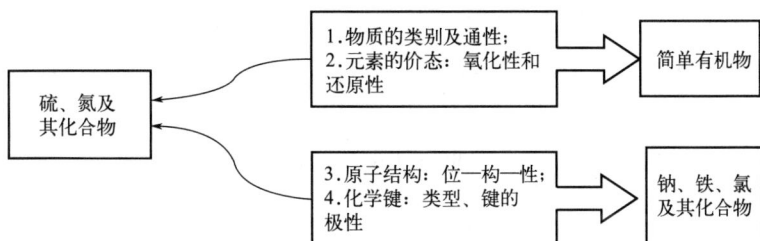

图 4-1 人教版元素化合物知识体系结构

高中化学新教材中典型无机物知识的编写，注重元素化合物知识与 STSE 知识的融合，引导学生形成并能运用"价—类二维思维模型"学习物质性质和物质间转化、预测物质性质，应用物质性质及其转化关系解决实际问题的核心任务。

对于有机化合物主题，新教材突出"化学键—官能团"的指导价值，引导学生形成"结

构决定性质"的核心观念,按"结构—性质—重要应用"的明线进行设计。学习内容上,选取了甲烷、乙烯、乙醇和乙酸进行全面系统的学习,从结构到性质和应用、从官能团到主要的反应类型。另外,对于甲烷和苯,碳原子的成键特点也是学习重点;对于糖类、油脂、蛋白质和高分子,则侧重于了解在生产和生活领域的重要作用。

第一节 "金属元素及其化合物" 内容分析

根据课标要求,高中化学必修课程中常见的金属元素有钠、铁两种元素,人教版教材将这两种元素及其化合物的内容编排在高中化学必修教材第一册的第二章和第三章。

一、案例1 钠及其化合物

【研究性学习】小组自行查阅有关钠与水反应的教学研究文献,根据文献分析教材中钠与水反应的实验设计特点。

（一）知识体系分析

1. 课标的"内容要求与学业要求"解读

（1）高中化学课标链接（表4-2）。

表4-2 "钠及其化合物"课标要求

内容要求	学业要求
结合真实情境中的应用实例或通过实验探究,了解钠及其重要化合物的主要性质,了解它们在生产、生活中的应用	1. 能列举、描述、辨识"钠-钠的氧化物-钠盐"的物理和化学性质及实验现象。能用化学方程式、离子方程式正确表示典型物质的主要化学性质 2. 能从物质类别、元素价态的角度,预测钠与水的反应,设计实验进行初步验证,并能分析、解释有关实验现象 3. 能根据钠、（过）氧化钠的性质,分析、说明妥善保存、合理使用化学品的常见方法 4. 能说明常见钠及其化合物的应用对社会发展的价值

【思考与讨论】分析该部分的"学业要求"重点发展了学生哪些化学学科核心素养?

（2）解析。

①结合真实情境中的应用实例,或通过实验探究,了解钠及其重要化合物的主要性质,了解它们在生产、生活中的应用。

内容要求对于钠这一部分教学内容的引入（结合真实情景中的应用实例）、教学方法（通过实验探究）以及教学要达到的程度与深度（了解主要性质和其在生产、生活中的应用）进行了描述。

②学业要求。

a. 考查重点为钠及其化合物的性质,以及其应用、实验探究能力。

b. 从素养水平看,这部分的学业要求提出了"宏观辨识与微观探析""证据推理与模型认知""科学探究与创新意识""科学态度与社会责任"四条核心素养在该主题层面的表现期望。

2. 教材知识结构（图4-2）

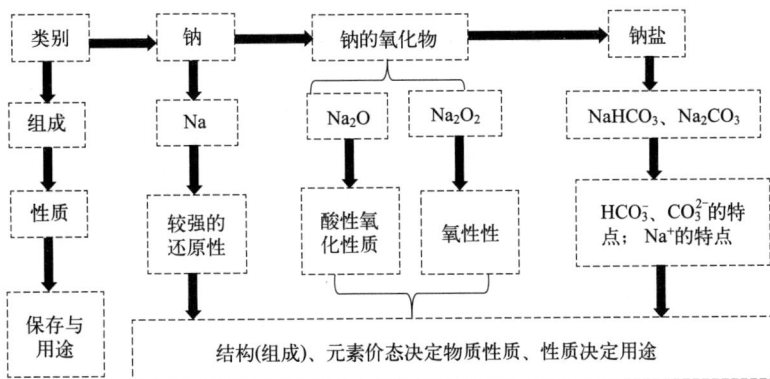

图4-2　人教版"钠及其化合物"知识结构图

3. 教学目标分析

（1）知识基础。

通过初中化学的学习，学生已经具备了一定的元素化合物知识和金属活动性顺序的一般知识，已经知道金属与氧气反应、金属与酸反应、碳酸盐与酸反应、碳酸氢盐的不稳定等知识，并已经认识到金属具有导电、导热、延展性等特点。进入高一，通过第一章的学习完善了有关物质分类及其性质的知识，同时也学习了氧化还原反应概念。基于以上分析，学生具备了将钠单质的金属活泼性与其原子的最外层电子排布结合起来的思维能力，从而初步形成结构决定物质性质的观点。学习钠及其化合物的性质应该具备的知识基础有以下4点：

①物质分类及其性质。

②离子反应方程式的书写。

③基于元素价态的变化预测物质性质。

④探究学习能力。

（2）重难点。

①重点：钠及其重要化合物的性质。

②难点：通过实验探究初步学习研究钠性质的方法。

（3）教学目标。

①了解钠及其重要化合物的性质，初步形成结构决定性质的学科观念。

②通过实验探究钠与水的反应，发展科学探究和证据推理素养。

③通过讨论钠的实验室保存、钠及其化合物的应用，发展社会责任素养。

④知道海水中钠元素的存在形式和含量，认识合理开发资源的重要性。

【信息检索】搜索有关海水主要成分的知识，讨论海水中物质对人类身体健康、资源开发等方面的重要作用。

（二）图片和栏目解析

1. 部分图片分析（表4-3）

【思考与讨论】分析"图4-3　钠在空气中燃烧"的图片类型、图片教学功能，据此提出你的教学策略。

表 4-3　人教版"钠及其化合物"部分图片解析

图片名称	图片类型	图片功能	知识点
图 2-1　钠的保存	实验类	展示钠的实验室保存方法，引发核心问题：钠有什么性质	钠的保存；钠的密度大于石蜡油或煤油
图 2-2　切割钠	实验类	切割钠的规范操作，培养严谨、实验安全意识；观察归纳钠的物理性质，培养宏观证据搜集能力、推理能力	钠的物理性质（颜色、状态、硬度）；化学性质（钠极易与空气中的氧气反应）；钠放在滤纸、玻片上，镊子夹取
图 2-3　钠在空气中燃烧	实验类	展示钠在空气中燃烧的实验现象，培养图片观察、看图说话能力；通过分析异常实验现象，培养严谨求实态度	仪器及其使用；实验现象（一般实验现象+异常实验现象）；钠与氧气反应的产物与反应条件有关
图 2-4　钠与水反应	实验类	直观呈现钠与水反应的实验现象，与教材中设计的表格相呼应，培养证据推理能力；实验装置改进，培养创新意识	钠与水反应实验现象；实验装置特点和不足
图 2-6　$NaHCO_3$、Na_2CO_3 的主要用途	STSE 类	展示化学与生产、生活的关系，培养社会责任	性质决定用途的学科观念

2. 部分栏目分析

（1）【实验——切割钠金属】。

栏目功能：展示钠的保存方法，取用钠的规范操作。

知识点：

显性知识：钠保存在石蜡油或煤油中、钠的密度大于石蜡油或煤油；钠的物质性质（硬度小、银白色的金属光泽、质软）；钠与空气中的氧气反应及现象；实验操作规范。

隐性知识：结构决定性质，钠原子结构与还原性的关系。

教学策略：

①自主阅读并勾画出教材中有关操作的关键词，提出思考问题。

钠如何取用？

从煤油中取出的钠表面有没有其他物质？怎么处理才能得到较纯净的钠单质？

日常生活中铁、铝等金属制品如何切割？原因？钠的切割方法与上述金属制品有何不同？猜猜原因是什么？

②对比初中学习的铁单质物理性质，观察总结钠的颜色、状态、硬度。

③对比分析初中金属与氧气的反应，联系金属活动顺序表预测钠与氧气反应的条件、产物等。

（2）【实验——钠与氧气反应】。

栏目功能：实验探究钠与氧气在不同条件下反应的差异，实验观察能力培养。

知识点：

显性知识：钠燃烧生成淡黄色的固体过氧化钠，并发出黄色火焰；实验操作知识：干燥坩埚先加热后放钠，取绿豆大的钠，钠熔化后立即撤掉酒精灯。

隐性知识：金属与氧气反应的产物与金属活泼性、反应条件密切相关；坩埚操作规范；安全意识的培养。

教学策略：开展启发式教学，将教材中的关键词设计为问题，带领学生开展深度学习。

【试一试】根据教材中对实验操作的陈述，设计有关实验现象或者实验规范操作的问题，开展启发式教学。

提示：钠在空气中燃烧时，会首先与氧气反应生成氧化钠，因此可以观察到熔融时液态钠被氧化钠白膜包裹着，同时煤油不完全燃烧会在氧化钠白膜上留下炭黑，但是随着钠开始燃烧，炭黑继续反应，直至黑色粉末消失。你知道可以设计哪些关于实验现象的问题了吗？如果钠块切取得很小，如米粒大小，那么钠燃烧后，黑色粉末会完全消失吗？怎么减少产物中的黑色粉末？

问题示例：有关实验安全问题设计。

①加热时钠块建议为绿豆大，怎么切取？钠块的大小对实验安全有没有影响？

②钠熔化后即停止加热，为什么？继续加热有何安全隐患？

③能在坩埚的上方观察实验现象吗？为什么？

（3）【探究——钠与水反应】。

栏目功能：实验探究钠与水的反应产物，培养科学探究、证据推理能力。

知识点：

显性知识：钠与水的反应生成氢氧化钠和氢气；钠与水反应的实验现象（钠的密度比水小；钠与水反应是放出大量热、熔点较低；与水反应生成了氢气和强碱；无色酚酞遇碱变红）。

隐性知识：探究教学一般程序；建立价—类预测物质性质思维模型。

教学策略：

①熟悉实验探究教学模式，分析人教版教材中"钠与水的反应"，教师需要补充哪些内容？

提示：（a）核心问题是什么？从哪里来？（b）实验方案怎样设计？

②改进实验装置，收集并验证产物中有氢气。

例如，陈俊娴等针对钠与水反应的特点，设计了如下的实验装置，通过注射器收集、验证氢气（图4-3）。

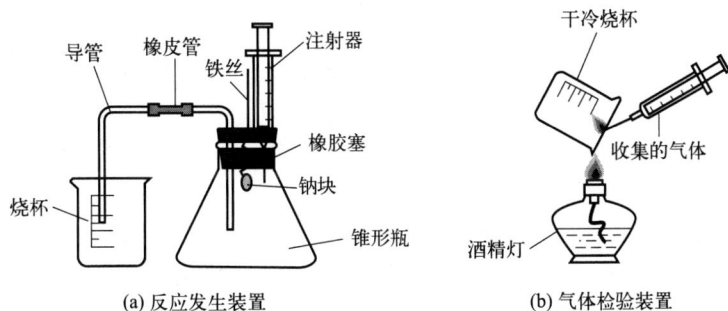

（a）反应发生装置　　　　　（b）气体检验装置

图4-3　钠与水反应实验改进❶

---

❶ 陈俊娴，等. 钠与水反应的实验创新设计［J］. 中学化学教与学，2023（12）：94，95-97.

思考与交流

根据查阅到的有关钠与水反应的教学研究文献，遵循安全、简便、现象明显等要求，画出优化后的钠与水反应的实验装置。

（4）【实验——$NaHCO_3$、Na_2CO_3 的主要性质】。

栏目功能：对比分析不同阴离子对物质性质的影响，培养严谨求实的精神，形成根据物质组成（阴阳离子）预测物质性质的学科思维。

知识点：

显性知识：$NaHCO_3$、Na_2CO_3 的溶解性、水溶液酸碱性的对比。

隐性知识：对照实验的设计。

教学策略：对比两种物质组成差异，结合水合钠离子无色、钠盐易溶于水的特点分析每一步实验操作意图。

①观察 $NaHCO_3$、Na_2CO_3 外观形状，从水合钠离子无色迁移到固体白色。

②观察 $NaHCO_3$、Na_2CO_3 与极少量水的反应，分析反应本质的差异，前者是物理变化，后者生成结晶水合物，是化学变化，要求学生能写出方程式。

例如，谢超的实验表明❶，从盛有 1.0g 碳酸钠的试管中加入 4 滴蒸馏水开始，在桌面上滚动试管，很少有颗粒散出，可以清晰地观察到碳酸钠的结晶状态；在盛有 1.0g 碳酸氢钠的试管中加入 1~7 滴蒸馏水，在桌面上滚动试管，均有颗粒散出，加入 8 滴蒸馏水，碳酸氢钠已基本被润湿，加入 10 滴蒸馏水，碳酸氢钠已完全被润湿。因此，为了能够清晰地对比观察到碳酸钠的结晶状态，蒸馏水要达到 4 滴及以上（图 4-4）。

蒸馏水的体积/mL	理论溶解碳酸钠/g	完全溶解振荡时间	理论溶解碳酸氢钠/g	理论剩余碳酸氢钠/g
5	1.08	90s左右	0.48	0.52
6	1.29	75s左右	0.58	0.42
7	1.51	65s左右	0.67	0.33
8	1.72	55s左右	0.77	0.23
9	1.94	50s左右	0.86	0.14
10	2.15	45s左右	0.96	0.0 4

图 4-4　20℃时 1.0g 碳酸钠和碳酸氢钠在水中溶解的情况①

③观察 $NaHCO_3$、Na_2CO_3 在水中的溶解性差异，教材中呈现的是定性实验，要定量对比两种物质溶解性，需要进一步结合溶解度数据。

④根据向碳酸钠和碳酸氢钠的水溶液中滴加酚酞后的红色深浅，来判断溶液的酸碱性，但是通过实验对比这两种物质溶液的酸碱度，需要结合溶液的浓度。建议教学时检索室温下这两种物质饱和溶液的浓度。

---

❶ 谢超. 从新人教版教材实验文本变化看实验教学——以"碳酸钠与碳酸氢钠性质比较实验"为例 [J]. 中学化学教材参考, 2022（9）：38-41.

【练一练】分析"实验——碳酸钠和碳酸氢钠热稳定性"实验的知识点，教学策略等。

提示：结合初中学习的碳酸钙和碳酸氢钙的热稳定性来引导学生学习。

综上，钠及其化合物的教材编写特点如下。

（1）知识体系呈现沿着两条线。

物质分类线：单质—氧化物—氧化物的水化物（NaOH 的性质初中已经学习）—钠盐。

单一物质研究：物理性质—组成（结构）—化学性质—用途。

（2）知识呈现方式——兼顾知识与能力、素养、价值观全面发展。

①化学观念的形成：通过对"活泼的金属单质—钠"这一部分教材内容的分析发现，该部分知识的呈现顺序是从钠的原子结构到钠的性质，这一呈现顺序隐含了元素化合物学习的一种重要理念，即"结构决定性质"。

②能力培养：通过实验观察、探究实验、对比实验等不同实验呈现方法，培养观察能力、证据推理能力、实验探究能力、对比实验设计能力、知识迁移应用能力等。

③素养发展：从钠原子核外电子排布推测钠的还原性、实验现象观察，发展宏观辨识与微观探析能力；钠与水的反应发展科学探究与创新意识；钠的保存、钠及其化合物的应用等知识发展科学态度与社会责任素养。

（三）钠及其化合物知识结构化策略

1. 单一物质的结构化策略

根据一种物质的结构、性质、制备、用途等画出树状归纳图（图 4-5），因此 Na_2O_2 知识体系可以归纳如图 4-6 所示。

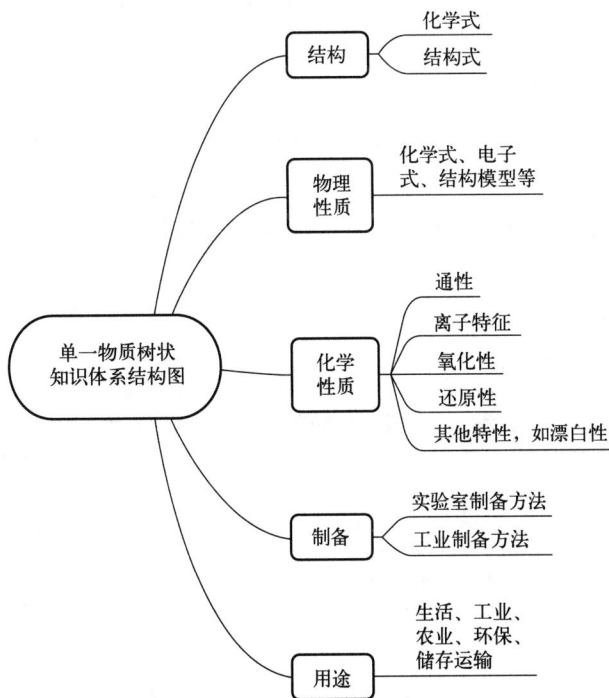

图 4-5　单一物质树状知识体系结构图

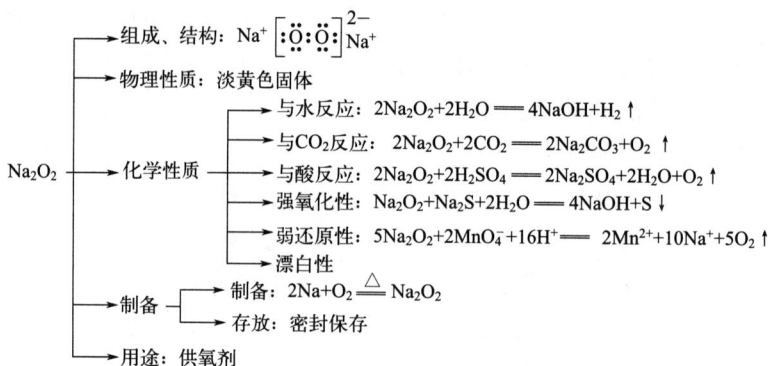

图 4-6　Na_2O_2 知识体系

组成、结构：Na^+ $[:\ddot{O}:\ddot{O}:]^{2-}$ Na^+

物理性质：淡黄色固体

化学性质
- 与水反应：$2Na_2O_2+2H_2O \Longrightarrow 4NaOH+H_2\uparrow$
- 与CO_2反应：$2Na_2O_2+2CO_2 \Longrightarrow 2Na_2CO_3+O_2\uparrow$
- 与酸反应：$2Na_2O_2+2H_2SO_4 \Longrightarrow 2Na_2SO_4+2H_2O+O_2\uparrow$
- 强氧化性：$Na_2O_2+Na_2S+2H_2O \Longrightarrow 4NaOH+S\downarrow$
- 弱还原性：$5Na_2O_2+2MnO_4^-+16H^+ \Longrightarrow 2Mn^{2+}+10Na^++5O_2\uparrow$
- 漂白性

制备
- 制备：$2Na+O_2 \overset{\triangle}{=\!=\!=} Na_2O_2$
- 存放：密封保存

用途：供氧剂

2. 同一元素不同类别物质的转化路径

以钠及其化合物为例，可以看到，物质的转化路径如图 4-7 所示。

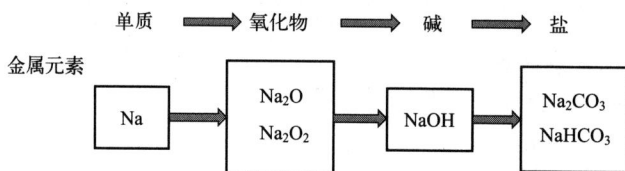

图 4-7　钠及其化合物的转化及结构化图示

【练一练】完善图 4-7 中的钠及其化合物的转化路径，写出化学反应方程式。

（四）微课示例——探究钠与水的反应

1. 教材编写特点解读

（1）通过对"钠与水"这一部分教材内容的分析发现，该部分需要补充探究实验方案、氢气的收集、验证等内容。

（2）在内容上，除了探究钠与水反应之外，该部分包括了钠的保存、取用、切割、回收等操作。

（3）探究实验着重发展科学探究素养，在钠的取用环节发展环保、安全意识。

2. 知识结构（表4-4）

表 4-4　"探究钠与水的反应"知识结构

层次	维度			
	知识	能力	价值	素养
显性	钠与水反应生成氢氧化钠和氢气	科学探究能力、证据推理能力	环保意识、安全意识	宏观辨识
隐性	物质的检验	文献分析能力	创新意识	科学探究、科学态度与社会责任

3. 教学重难点和教学目标

（1）教学重难点。

重点：钠与水反应原理。

难点：根据物质组成及氧化还原反应预测钠与水的生成物。

（2）教学目标。

①通过探究钠与水反应的产物，发展实验方案设计和证据推理能力。

②通过预测钠与水反应的产物，形成从物质组成及氧化还原反应角度预测物质性质思维。

③讨论钠的保存和回收，培养科学态度与社会责任素养。

（3）教法、学法。

①教法：实验探究法、启发式教学法、问题解决法。

②学法：自主学习、合作学习。

4. 教学过程（表4-5）

表4-5　"探究钠与水的反应"教学过程

学习任务	教师活动	学生活动	设计意图
创设情境，引入新课	结合实验事实，分析钠是否与水反应：①钠保存在煤油中；②钠燃烧实验中的坩埚要干燥	思考问题	创设情境，以问题为导向，引发探究兴趣
预测钠与水反应产物	引导：从 H_2O 的组成、各元素价态的角度预测可能发生的反应 提示：金属与酸反应的实质是金属与酸电离出的 H^+ 发生氧化还原反应	猜想1： H_2O 可电离出少量 H^+ 和 OH^- 猜想2：Na 具有较强的还原性，容易失去电子变成 Na^+ 总结：可能生成 H_2、$NaOH$	培养对比分析、推理能力
实验方案设计	发布任务：根据猜想及教师提供的仪器和药品设计实验方案验证你的猜想 药品：钠、蒸馏水、酚酞试液、pH试纸、小试管、锡纸、烧杯	（1）分组活动，设计方案： 方案1…… 方案2…… （2）交流评价实验方案，选择最佳实验方案	发展方案设计、评价能力
收集证据，交流讨论	引导：根据实验方案，注意实验安全，开展实验，记录实验现象；师生总结	分组开展实验，交流描述观察到的实验现象；根据实验现象推导出科学合理的结论	简单实验操作能力、证据推理能力
拓展思维	结论：钠与水反应生成氢氧化钠和氢气 讨论：如果钠着火，怎么扑灭	结合初中的燃烧条件解决问题	培养运用所学知识解决实际问题的能力

思考与交流

请补充完整钠与水反应的教学过程中的两个实验方案。

二、案例2 铁的重要化合物

（一）知识体系分析

1. 课标的"内容要求与学业要求"解读

（1）高中化学课标链接（表4-6）。

表4-6 "铁的重要化合物"课标要求

内容要求	学业要求
结合真实情境中的应用实例或通过实验探究，了解铁及其化合物的主要性质	能列举、描述、辨识典型物质重要的物理和化学性质及实验现象。能用化学方程式、离子方程式正确表示典型物质的主要化学性质
了解铁及其化合物在生产、生活中的应用	能举例说明铁及其化合物在生产生活中的应用
结合实例认识铁及其化合物的多样性	能列举铁元素的典型代表物
了解通过化学反应可以探索物质性质、实现物质转化	能从物质类别、铁元素价态的角度，①预测铁及其化合物物质的化学性质，设计实验初步验证，并能分析、解释有关实验现象；②说明物质的转化路径
认识物质及其转化在促进社会文明进步的重要价值	能寻求铁作为重要的金属材料在促进社会文明进步的重要价值的证据，参与有关议题的讨论

【研究性学习】分析人教版教材中铁及其化合物，如何结合真实情境中的应用实例或通过实验探究，实现对铁的化合物的主要性质进行编写？教材中教学情境设计在实现化学课程育人目标中有哪些价值？

（2）解析。

①结合真实情境中的应用实例或通过实验探究，了解铁及其化合物的主要性质。

教材以钢铁厂生产中模具需充分干燥处理的应用实例说明铁在高温下与水反应的性质；通过实验3-1~实验3-3的实验操作及现象说明铁的氢氧化物、铁盐和亚铁盐的性质。

②了解铁及其化合物在生产、生活中的应用。

以古代就出现了铁制工具、人体中铁元素的重要功能及铁强化酱油、利用覆铜板制作图案为例，说明铁及其化合物在生产、生活中的应用。

③结合实例认识铁及其化合物的多样性。

教材根据"单质—氧化物—氢氧化物—铁盐"的主线呈现铁及其化合物的多样性。

④了解通过化学反应可以探索物质性质、实现物质转化。

通过探究铁和水蒸气的反应、不同铁盐的相互转化、构建铁三角等内容，展示不同类别、同一类别不同价态、不同类别不同价态的含铁物质的相互转化，建构铁元素不同物质相互转换路径。

⑤认识物质及其转化在促进社会文明进步中的重要价值。

解析：探究电子工业中常用覆铜板为基础材料制作印刷电路板，广泛用于电视机、计算机等电子产品，说明含铁物质转化促进社会文明进步的重要价值。

2. 知识结构框架分析

整合教材可以看到，"铁　金属材料"这一章内容的知识框架如图 4-8 所示。

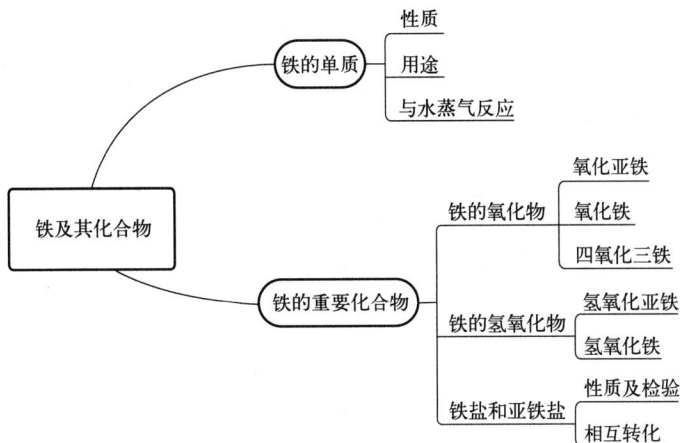

图 4-8　"铁及其化合物"知识结构图

教材的知识选择始于含铁物质作为材料的重大价值，从物质类别和元素价态两个层面认识铁及其化合物，主要包括铁单质、铁的氧化物、铁的氢氧化物、铁盐等宏观视角研究物质性质及其相互转化。通过实验探究物质间的转化关系，最终实现同种元素、不同价态物质之间的转化，通过铁离子的检验、二价铁离子与三价铁离子的转化使研究视角从宏观深入微观。

3. 教学目标分析

（1）知识基础。

初中化学已介绍了铁及其化合物的部分性质，以及在日常生活中重要的用途，这一节知识是初中相关知识的升华与深度学习。人教版高中化学必修第一册第一章中离子反应和氧化还原反应的知识是深度学习铁及其化合物性质的必备知识。物质类别和元素价态是学习铁及其化合物性质的重要认识视角。因此所需具备的基础知识有：初中涉及铁及其化合物的部分知识；金属活动性顺序；基于物质类别、元素价态变化预测物质性质。

（2）重难点。

①重点：预测铁及其化合物重要性质；铁盐与亚铁盐的转化；Fe^{3+} 的检验。

②难点：制备 $Fe(OH)_2$ 的实验设计；不同价态含铁物质转化模型的建构。

（3）教学目标。

①了解铁及铁的氧化物的性质，培养基于物质类别、元素价态变化预测物质性质能力。

②通过设计 $Fe(OH)_2$、$Fe(OH)_3$ 的制备思路和实验方案，掌握制备氢氧化合物（碱）的核心思路和基本方法。

③掌握铁盐检验、铁盐和亚铁盐相互转化的方法，建立基于元素价态认识物质性质的思维模型。

④通过列举铁及其化合物知识解决生产、生活中的化学问题案例，认识物质及其转化在

促进社会文明进步中的重要价值。

（二）图片和栏目解析

1. 部分图片分析（表4-7）

【思考与讨论】分析"图3-6 铁强化酱油"的图片类型、图片教学功能，据此提出你的教学策略。

表4-7 人教版"铁的重要化合物"部分图片解析

图片名称	图片类型	图片功能	知识点
图3-2 丹霞地貌的岩层因含 Fe_2O_3 而呈红色	体现 STSE 理念的图片	直观展示丹霞地貌的外形，扩展学生视野	自然界化合态的铁元素
图3-3 战国时期的铁器——铁火盆	体现 STSE 理念的图片	直观展示铁在古代社会生活中的应用，激发文化自信	铁作为重要的金属材料，在日常生产生活中的作用
图3-4 钢水注入干燥的模具	体现 STSE 理念的图片	①现代工业生产中的应用场景，丰富学生的认知和扩展视野；②加强安全意识	液态铁
图3-5 铁粉与水蒸气反应	实验装置类图片	直观展示实验装置；培养创新意识	实验装置设计原理和方法；实验现象
图3-7 Fe_2O_3 可作外墙涂料	体现 STSE 理念的图片	①直观展示 Fe_2O_3 在生活中的用途，体现化学物质的价值；②美育培养；③中国古建体现文化自信	Fe_2O_3 的颜色
图3-8 $Fe(OH)_3$ 和 $Fe(OH)_2$ 的生成	实验现象类图片	①直观展示实验现象；②激发探究 $Fe(OH)_2$ 的最佳制备条件的兴趣	$Fe(OH)_3$ 和 $Fe(OH)_2$ 的颜色、转化方法
图3-9、图3-10 Fe^{3+} 的检验，Fe^{3+} 和 Fe^{2+} 转化	实验现象类图片	①突出 Fe^{3+} 的特征检验现象；②通过实验现象对比突出 Fe^{3+} 与 Fe^{2+} 在一定条件下可发生转化	①Fe^{3+} 的检验方法；②Fe^{3+} 和 Fe^{2+} 转化实验方案设计思路

2. 部分栏目分析

（1）【实验——铁的氢氧化物的制备】。

栏目功能：制备 $Fe(OH)_2$ 和 $Fe(OH)_3$ 的实验。

知识点：

①铁的氢氧化物的制备实验仪器简单，但药品配制与取用有许多注意事项，例如，Fe^{2+} 极易被氧化，所以 $FeSO_4$ 溶液要现用现配；为了防止 Fe^{2+} 被氧化，配制 $FeSO_4$ 溶液所用的蒸馏水和制备 $Fe(OH)_2$ 所用的 NaOH 溶液都要煮沸，尽可能除去 O_2。

②实验操作要点：为了防止滴加 NaOH 溶液时带入空气，可以将吸有 NaOH 溶液的长滴管伸入 $FeSO_4$ 溶液的液面下，再挤出 NaOH 溶液。

③实验现象：$Fe(OH)_2$ 和 $Fe(OH)_3$ 颜色、状态。

教学重难点：

重点：$Fe(OH)_2$ 和 $Fe(OH)_3$ 制备方法及操作要点。

难点：制备 $Fe(OH)_2$ 的改进方法。

教学策略：

①氢氧化物的制备思路。

a. 金属氧化物和水反应生成碱。

b. 可溶性盐和可溶性碱反应生成新碱。

②制备 $Fe(OH)_2$ 的最佳实验条件。

a. 按照教材的操作，需要尽可能排出溶液中的溶解氧，保证溶液中只存在 Fe^{2+} 离子，因此，在操作上需要注意：配制 $FeSO_4$ 溶液、$NaOH$ 溶液所用的蒸馏水都要煮沸，尽可能除去 O_2；为了防止 Fe^{2+} 被氧化，$FeSO_4$ 溶液要现用现配并且处于还原性环境中。

b. 现阶段，对 $Fe(OH)_2$ 的制备实验开展研究的文献很多，最初制备出来的 $Fe(OH)_2$ 呈现灰绿色而不是纯白色的原因，很多文献均认为是 $Fe(OH)_2$ 被氧化的缘故。但是吴文[1]在他的研究中提到，氢氧化亚铁溶胶是由许多 $Fe(OH)_2$ 分子构成的，其中心部分是胶核 $[Fe(OH)_2]$ m，其吸附的离子可以是 Fe^{2+}，也可以是 OH^- 离子，其最终吸附何种离子，则取决于反应体系的离子环境，若溶液中 Fe^{2+} 离子浓度明显大于 OH^- 离子，则胶粒带正电，胶核吸附的就是 Fe^{2+}。

按照 $Fe(OH)_2$ 呈现灰绿色而不是纯白色、胶核吸附与溶液中浓度有关的猜想，可以采取以下措施来优化实验现象（表4-8）。

表4-8　探究制备 $Fe(OH)_2$ 的最佳实验条件

教材的实验表述	弊端	改进措施	改进后的优点
向试管中加入少量的 $FeSO_4$ 溶液，滴入 $NaOH$ 溶液	Fe^{2+} 浓度明显大于 OH^- 离子	试管中加入一定约 5mL $NaOH$ 溶液，滴入 $FeSO_4$ 溶液	增大 OH^-、减少 Fe^{2+} 离子浓度
$FeSO_4$ 溶液、$NaOH$ 溶液浓度相当	Fe^{2+} 不能完全转化为 $Fe(OH)_2$	加大 $NaOH$ 溶液浓度到 4mol/L，保持 $FeSO_4$ 溶液浓度为 0.1mol/L 不变	高浓度 $NaOH$ 溶液中滴入少量 $FeSO_4$ 溶液，尽可能加快 $Fe(OH)_2$ 胶体转为沉淀，避免 Fe^{2+} 的吸附

其他注意事项：$FeSO_4$ 溶液保持还原性环境，滴加前需要检测是否有 Fe^{3+} 的存在；滴管需要深入 $NaOH$ 溶液中滴加 $FeSO_4$ 溶液；$NaOH$ 溶液可以用诸如四氯化碳之类的物质来油封隔绝空气

根据以上操作，可以制得纯白色的 $Fe(OH)_2$ 沉淀，可以保持大约 4h 颜色不变。

（2）【思考与讨论——Fe、Fe^{2+} 和 Fe^{3+} 相互转化关系】。

栏目功能：根据化合价复习归纳氧化剂还原剂相关知识，激活学生已有的相关知识经验，将所学知识做一个系统总结。

知识点：

①氧化还原反应相关知识。

②Fe、Fe^{2+} 与 Fe^{3+} 的相互转化的方程式。

③根据元素价态确定物质的氧化性、还原性，据此设计实验能力。

【试一试】结合课后习题"练习与应用"中的"5. 探究铁及其化合物的氧化性或还原性，

---

❶ 吴文中. 氢氧化亚铁变为灰绿色的理论探究 [J]. 化学教学，2016（9）：60-63.

设计并完成实验"，设计表格开展"铁、硫酸亚铁、硫酸铁"相互转化的实验设计（表4-9）。

表4-9 "不同价态含铁物质相互转化"的实验设计

转化路径	实验药品和方案	实验现象	实验结论
$Fe \rightarrow Fe^{2+}$			
$Fe^{2+} \rightarrow Fe^{3+}$			
$Fe^{3+} \rightarrow Fe^{2+}$			
$Fe^{2} \rightarrow Fe$			

（3）【方法导引——认识元素及其化合物性质的视角】。

栏目功能：呈现研究和认识元素及其化合物性质的视角——物质类别和元素价态，建立预测物质性质的思想。

知识点：

①基于物质类别和元素价态预测物质性质的基本方法。

②基于物质类别和元素价态设计物质间转化途径的方法。

【练一练】根据认识元素及其化合物性质的视角——物质类别和元素价态（图4-9），画出铁及其化合物的"价—类"二维图，并用箭头标明物质之间的转化关系并说明依据。

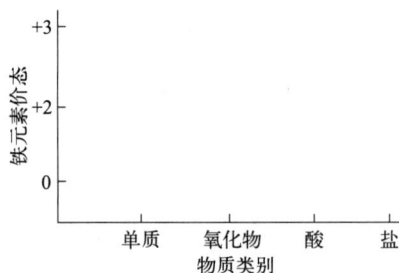

图4-9 铁及其化合物的"价—类"二维图

（三）微课示例：铁与水蒸气的反应

1. 有关铁和水蒸气反应的研究现状

（1）发文量分析（图4-10）。

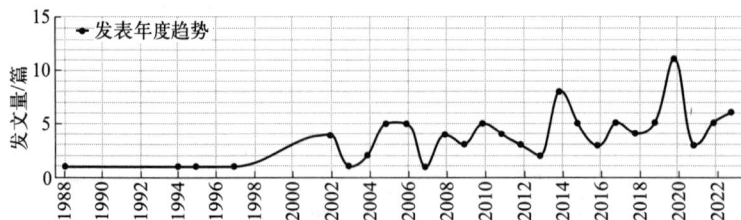

图4-10 铁和水蒸气反应的发文量

观察图4-10，铁和水蒸气反应的实验教学研究关注度很高，原因是什么？

（2）研究内容分析。

铁和水蒸气反应的研究，包括实验改进研究到基于核心素养发展的教学模式改革研究两类。

①关于铁和水蒸气反应的实验改进研究，以刘毛毛等做的"正交实验法探究铁粉和水蒸气反应的最佳实验条件"为代表，结合之前的研究成果，从有供水剂、铁粉的加热方式、铁粉的质量、铁粉的铺放方式开展实验，寻求最佳反应条件（图4-11）。

实验编号	A 供水剂	B 铁粉加热方式	C m(Fe)/g	D 铁粉铺放方式	实验指标1（权重40%）		实验指标2（权重60%）		综合评分
					氢气泡始爆时间	得分	氢气爆鸣音量	得分	
1	1(湿棉花)	1(酒精灯)	1(0.5)	1(石棉绒包裹)	1′47″	86	较大+	100	94.4
2	1(湿棉花)	2(带有防风罩的酒精灯)	2(1.0)	2(平铺)	1′35″	87	较大	98	93.6
3	1(湿棉花)	3(带有防风罩的酒精灯)	3(1.5)	3(聚拢)	1′10″	90	大+	92	91.2
4	2[Ca(OH)₂]	1(酒精灯)	2(1.0)	3(聚拢)	3′00″	76	正常+	84	80.8
5	2[Ca(OH)₂]	2(带有防风罩的酒精灯)	3(1.5)	1(石棉绒包裹)	3′06″	75	正常-	82	79.2
6	2[Ca(OH)₂]	3(带有防风罩的酒精灯)	1(0.5)	2(平铺)	3′05″	75	较小	68	70.8
7	3(香蕉)	1(酒精灯)	3(1.5)	2(平铺)	1′10″	90	较大-	96	93.6
8	3(香蕉)	2(带有防风罩的酒精灯)	1(0.5)	3(聚拢)	1′28″	88	大-	90	89.2
9	3(香蕉)	3(带有防风罩的酒精灯)	2(1.0)	1(石棉绒包裹)	1′51″	84	大-	88	86.4
K_1	279.2	268.8	254.4	260.0					
K_2	230.8	510.4	260.8	258.0					
K_3	269.2	—	264.0	261.2					
k_1	93.07	89.60	84.80	86.67					
k_2	76.93	85.07	86.93	86.00					
k_3	89.73	—	88.00	87.07					
R	16.14	4.53	3.20	1.07					
R′	14.54	7.89	2.88	0.96					

最佳实验条件: $A_1B_1C_3D_3$,即用湿棉花作供水剂,铁粉的加热方式为酒精灯直接加热,铺放方式为聚拢态,质量为1.5g

图4-11　铁粉和水蒸气反应的实验方案及最佳实验条件 ❶

通过实验发现，用湿棉花作供水剂、酒精灯直接加热、1.5g聚拢态的铁粉为最佳实验条件。

②关于铁和水蒸气反应的教学模式改革研究，陈渝《化学学科核心素养在项目式教学法中的落实——以"铁与水蒸气反应装置设计"❷ 为例》一文中，围绕化学学科核心素养的角度，探究铁与水蒸气反应的实验装置，培养学生信息的收集、合作交流、方案的设计、项目实施及最终评价的分析解决问题的能力。

【练一练】结合文献阅读和教材编写，分析"思考与讨论　铁粉与水蒸气反应"教材编写特点，实验及其装置设计原理，实验现象试着根据教材分析结果设计教学过程。

2. 教学重难点和教学目标

（1）教学重难点。

重点：预测铁与水蒸气反应的产物；实验装置各部分的作用原理。

难点：根据物质组成预测铁与水蒸气反应的产物。

---

❶ 刘毛毛. 正交实验法探究铁粉和水蒸气反应的最佳实验条件 [J]. 教育与装备研究, 2020 (11)：42-46.

❷ 陈渝. 化学学科核心素养在项目式教学法中的落实——以"铁与水蒸气反应装置设计"为例 [J]. 云南化工, 2022 (8)：180-183.

（2）教学目标。

①通过对比钠与水反应预测铁与水蒸气反应的原理和实验现象，形成基于物质类别预测物质性质的基本方法。

②通过探究铁和水反应的实验装置优化方法，培养创新意识。

③通过讨论钢铁厂的安全规则，增强安全意识。

（3）教法学法。

①教法：启发式教学法、问题解决法。

②学法：自主学习、合作学习。

3. 教学过程（表4-10）

表4-10　"探究铁与水蒸气的反应"教学过程

学习任务	教师活动	学生活动	设计意图
自主分析建构概念	引导：在钢铁厂的生产中，炽热的铁水或钢水注入模具之前，模具必须进行充分的干燥处理，不得留有水。 问题：从理论上看，铁是否具备与水反应的可能性？说明理由	活动1：自主阅读教材，联系已学的金属活动性顺序相关知识思考； 活动2：（小组讨论交流）从金属置换酸（或水）中氢的角度分析铁置换水中氢的可能性	创设问题情境，便于学生迁移并运用已学知识，建立新旧知识间的联系。培养安全意识
初步建构活泼金属与水反应的模型	问题1：铁若能与水蒸气反应，产物可能是什么？理由是什么？ 问题2：液态水、气态水在两个反应中的本质不同在哪里？ 问题3：教材图3-5所示装置各部分的作用是什么？分析实验原理	活动1：阅读教材，对比分析钠与水反应、铁与水反应条件最大的差异在哪里？ 活动2：小组交流预测反应产物，分析教材中实验装置各部分的作用及实验原理	基于物质类别研究物质性质、设计实验方案能力
证据推理	演示：铁和水蒸气反应。 问题：观察实验，哪些证据可以证明产物为四氧化三铁和氢气	活动：观察、收集证据并作出合理推论	证据推理能力
拓展	如果将铁与水蒸气反应实验改为微项目实践活动，可以怎样设计		

【研究性学习】根据人教版教材中"铁盐和亚铁盐"中的知识点，将教材中知识呈现方式改写为探究实验。

第二节　"非金属元素及其化合物"内容分析

根据高中化学课标，必修课程的重要非金属元素为氯、氮、硫三种元素，人教版在教材编写中增加了硅元素及其化合物的简单介绍，同时在研究同主族元素性质时，编入了卤族单质的性质。结合课标和教材编写，我们以人教版的"氯、氮、硫三种元素及其化合物的性质"的内容作为分析对象。

在知识编排上，以第四章"原子结构与元素周期律、化学键"等知识为分界线。氯及其化合物在必修第一册，在第四章之前。氮、硫两种元素放在必修第二册，在第四章知识之后。这种编排上的差异导致学习指导理论有所不同：在第四章之前的元素化合物知识学习主要基于"物质类别——元素价态、原子最外层电子得失"等知识，位于第四章知识之后的元素化合物知识，除了"价—类二维思维模型"外，在学习时需要原子结构、元素性质、化学键等相关理论指导。

一、案例1　氯及其化合物

（一）知识体系分析

1. 课标的"内容要求与学业要求"解读

（1）高中化学课标对这部分的要求（表4-11）。

表4-11　"氯及其化合物"课标要求

内容要求	学业要求
结合真实情境中的应用实例或通过实验探究，了解氯及其重要化合物的主要性质	能列举、描述、辨识氯气、次氯酸的物理和化学性质及实验现象。能用化学方程式、离子方程式正确表示典型物质的主要化学性质
认识氯及其重要化合物在生产中的应用	能根据物质的性质分析实验室、生产、生活及环境中的某些常见问题
结合实例认识氯及其化合物的多样性，了解通过化学反应可以探索物质性质、实现物质转化	设计氯气制备、氯离子检验等简单任务的方案
认识物质及其转化在促进社会文明进步、自然资源综合利用中的重要价值	能说明氯及其化合物的应用对社会发展的价值，能有意识运用所学知识或寻求相关证据参与社会性议题的讨论

【思考】（a）结合学业要求，如何确定"了解氯及其重要化合物的主要性质"中的学习目标？（b）"结合实例认识氯及其化合物的多样性，了解通过化学反应可以探索物质性质、实现物质转化"，"认识、了解"的具体表现是什么？举例说明。（c）学业要求"能说明氯及其化合物的应用对社会发展的价值"，查阅资料并举例说明含氯物质对社会发展的重要价值。

（2）解析。

①结合真实情境中的应用实例或通过实验探究，了解氯及其重要化合物的主要性质。

教材以氯气的性质为主线，先呈现了氯气的物理性质，再介绍了氯气与金属、非金属、水、碱的化学反应；通过实验探究说明次氯酸的强氧化性，通过生活中的应用实例说明次氯酸盐的主要性质。结合学业要求，可知氯及其重要化学物的性质以记忆层次的要求为主。

②认识氯及其重要化合物在生产中的应用。

教材选用了"很多自来水厂用氯气来杀菌、消毒""漂粉精等可用于游泳池的消毒"等应用实例，通过"化学与职业"栏目，介绍水质检验员让学生认识氯及其重要化合物在生活中的应用。

③结合实例，认识氯及其化合物的多样性，了解通过化学反应可以探索物质性质、实现物质转化。

通过列举氯气、次氯酸、氯化物、次氯酸盐认识其多样性，通过氯气的制备认识含氯物质的相互转化，建立起通过化学反应可以探索物质性质、实现物质转化的观念。

④认识物质及其转化在促进社会文明进步、自然资源综合利用和环境保护中的重要价值。

教材中氯气的发现过程、次氯酸盐的制备、氯气制备及尾气处理等让学生认识物质及其转化在促进社会文明进步、自然资源综合利用和环境保护中的重要价值。

2. 知识结构分析（图4-12）

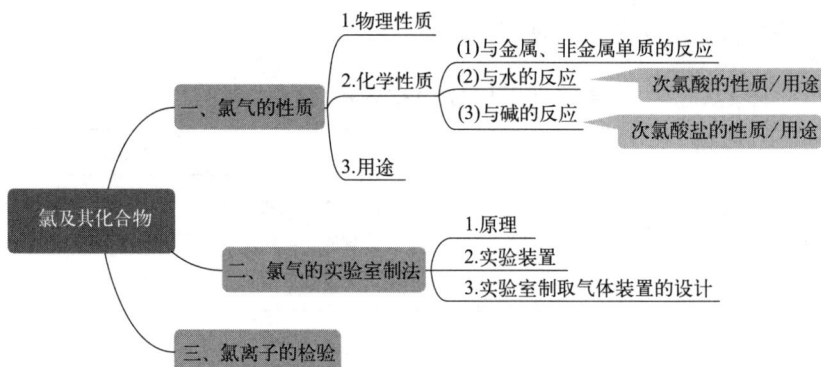

图4-12 "氯及其化合物"知识结构图

3. 教学目标分析

（1）知识基础。

这一节知识与第一章"物质及其变化"的知识联系紧密，是对第一章理论知识"类别通性""离子反应"和"氧化还原反应"等认识角度研究物质性质的具体应用和提升。初中知识，如氯气的制备需要学生联系在初中所学习的气体的实验室制取方法、初中关于Cl⁻检验知识。因此基础知识有：（a）常见非金属单质的通性。（b）复分解反应的条件。（c）氧化还原反应的发生规律。（d）气体的实验室制取方法。（e）Cl⁻检验。

（2）重难点。

①重点：（a）氯气、次氯酸的化学性质。（b）氯气的实验室制法。（c）氯离子的检验方法。

②难点：（a）建立氯元素的价—类二维模型。（b）实验室制备气体的一般思路及其应用。

【思考】教学重难点是怎么确定出来的？

（3）教学目标。

①通过实验了解氯气的主要化学性质，初步形成基于物质类别、元素价态和原子结构对物质性质进行预测和检测的认知模型。

②能设计实验室制备氯气的实验方案，掌握实验室制备气体的思维模型。

③通过设计氯离子检验实验方案，掌握离子检验的一般思路，提高解决实际问题的能力。

④通过查阅资料认识氯元素的存在和重要用途，培养信息素养，发展科学态度与社会责任素养。

（二）图片和栏目解析

1. 部分图片分析（表 4-12）

【思考与讨论】分析"图 2-12　H_2 在 Cl_2 中燃烧、图 2-14　干燥的氯气使有色鲜花变色"的图片类型、图片教学功能，据此提出你的教学策略。

表 4-12　人教版"氯及其化合物"部分图片解析

图片名称	图片类型	图片功能	知识点
图 2-15　漂粉精等可用于游泳池的消毒	体现 STSE 理念的图片	直观展示漂粉精等在生活中的应用价值，体会化学与生活密切的联系	次氯酸钠的用途；漂白粉、漂白精的消毒、漂白原理
图 2-16　光照过程中氯水的 pH、氯水中氯离子的浓度、广口瓶中氧气的体积分数的变化	实验数据分析类图片	展示数字化实验的特点，扩展视野，激发学习兴趣；培养图表分析能力	氯气与水反应；次氯酸的分解反应
图 2-17　实验室中制取氯气的装置示意图	实验装置类图片	直观呈现实验室制取氯气的装置；实验室装置的美学	仪器名称及安装要点；装置图特点、优点和不足；操作注意事项

2. 部分栏目分析

（1）【思考与讨论——从科学史实中得到的启示】。

栏目功能：呈现从氯气的发现到氯元素被确认为一种新元素的艰辛历程，科学研究需以大量事实为依据，不能凭主观想象，培养学生不断进取的科学态度和顽强意志。

知识点：氯气的实验室制备方法、氯气的性质。

教学策略：采取先行组织者策略，在尊重史实的基础上对教材中的化学史进行改编，将有关氯气性质和制备的知识与化学史融为一体。

【文献阅读】阅读文献《氟元素的发现：从假说到客观实在❶》，结合教材中有关氯气的发现史，以氯气的发现史为例，设计先行组织者教学材料。

氯气发现史

---

❶ 袁振东，李珊珊. 氟元素的发现：从假说到客观实在 [J]. 化学教育，2020，41（21）：103-107.

（2）【实验——Cl_2 与 H_2 的反应】。

栏目功能：呈现氯气和氢气反应的实验现象、实验仪器和装置。

知识点：

实验操作要点：在空气中点燃氢气，盛满氯气的集气瓶的玻璃片只打开一个小口；导管伸入时动作要缓慢；实验的图标有热烫、排风等标识，提示注意烫伤、注意排风等实验安全。

实验现象：氯气的颜色，H_2 在 Cl_2 中燃烧的状态、火焰颜色及瓶口实验现象。

教学策略：氯气有毒，建议教师演示实验或以实验视频的形式呈现。

教学重点：H_2 在 Cl_2 中燃烧的实验现象，并要求书写反应方程式。

（3）【科学·技术·社会——验证次氯酸光照分解产物的数字化实验】。

栏目功能：

①介绍数字化实验，扩宽学生视野。

②引入验证反应产物的新方法，感受科技的进步。

知识点：

①次氯酸不稳定，光照下易分解，分解产物为氯化氢和氧气。

②图表分析的方法。

教学策略：

①作为"科学·技术·社会"栏目下的拓展性内容，介绍数字化实验的用途，形成感性认识。

②教授图表分析的思路，有意识地训练学生分析图表的能力。

③增加验证物质的数字化实验案例，加深学生对数字化实验应用的认识。

（三）微课示例

微课示例一：氯水的成分和性质

1. 教材编写特点分析

人教版教材中知识点包括氯气与水反应、氯水的性质（次氯酸的氧化性和漂白性）两个知识点，知识点的呈现方式是直接陈述氯气与水反应、实验对比次氯酸的漂白性。根据课标"实验与探究活动：氯水的性质及成分探究"，可以将氯气与水的反应设计为探究实验，同时在探究氯水中哪种物质具有漂白性时，分析氯水的成分。因此，概括起来，基础知识应该有 4 点：（a）氯气与水反应、氯水的成分、次氯酸的氧化性和漂白性。（b）这部分的育人素材有：自来水消杀、饮用水余氯含量标准。（c）科学方法：对照实验设计方法。（d）重点发展的化学学科核心素养：宏观辨识与微观探析、证据推理、科学态度与社会责任，如果采取探究教学，还涉及科学探究与创新意识发展。

2. 教学目标

【练一练】根据课标要求与下面的教学过程，完成下列内容。

教学目标：_____

_____

教学重难点：_____

教学方法：_____

_____

3. 教学过程（表4-13）

表4-13　"氯气与水的反应"教学过程

学习任务	教师活动	学生活动	设计意图
发现问题	【自来水的消毒史】 自1897年英国首次使用氯气给水管网消毒以来，氯气用于自来水消毒已经有100多年的历史。目前，我国大多数城市仍然采用氯气消毒法。 氯气进入水中后是怎么消杀细菌的呢？ 氯加到水中后生成次氯酸（HClO）和次氯酸根（ClO—），其中次氯酸是很小的中性分子，容易扩散到带负电的细菌表面，并通过细菌壁到细菌内部，因氧化作用破坏细菌的酶系统，从而使细菌死亡	活动：阅读资料，分析氯气消毒的原理。 从资料中提取关键信息：氯加到水中后生成次氯酸（HClO）和次氯酸根（ClO—）。 活动2：这段信息中提到了氯气的哪些性质？ 氯气易溶于水；氯气与水要发生化学变化	培养观察分析、阅读归纳的能力，增强利用化学知识提升人类生活质量的意识
猜想与假设	提问：请根据以上资料推理：氯气和水反应的产物？ 提示：根据元素价态、物质组成预测	活动2：根据物质组成和元素价态，预测氯气和水反应的产物。填写表格	建构"价—类二维思维"模型
设计方案	问题：根据老师提供的实验仪器和药品分小组交流讨论，设计出实验方案验证你们的猜想。 仪器药品：新制氯水、石蕊试纸、pH试纸、小试管、5%硝酸银溶液、稀硝酸、锌片。 师生总结：（1）验证H^+的存在可以选用石蕊指示剂、pH试纸，两者均变红；也可以选择活泼金属或者含碳酸根离子的化合物。 （2）验证Cl^-的存在选用硝酸银溶液，再滴加稀硝酸，现象是有白色沉淀生成	活动1：分组设计方案。 方案1：取3mL新制氯水于试管中，逐滴加入2~3滴紫色石蕊试液，观察现象。 方案2：验证Cl^-的存在：取3mL新制氯水于试管中，加入3~5滴5%硝酸银溶液 活动2：组间交流评价实验方案的合理性	培养设计、评价实验方案的能力
进行实验，收集证据	引导：根据实验方案，注意实验安全，开展分组实验，记录实验现象。 评价：对学生的实验现象及实验结果进行评价总结	活动1：进行实验，记录现象。 现象1：加入紫色石蕊试液后，溶液先变红后褪色。 现象2：pH试纸显示出橙红色后就褪色了。 现象3：产生白色沉淀。 活动2：汇报现象及结果	培养收集证据和证据推理的能力

续表

学习任务	教师活动	学生活动	设计意图
实验结论	$Cl_2+H_2O \rightleftharpoons HClO+HCl$		化学用语表达能力
迁移应用	问题：观察两瓶氯水，久制的氯水和新制的氯水演示有何差异？试着分析两瓶氯水中成分有哪些	分析：元素价态只有降没有升，肯定还有其他产物。 提出疑问：石蕊试液和 pH 试纸为什么会在变红后褪色	尊重实验事实的科学态度
交流再探	引导：当将氯水滴到 pH 试纸上时，两种试纸的颜色有何变化？说明了什么	活动：完成表格 pH 试纸颜色变化 | | 猜想与假设 | |	对上述实验探究过程的迁移应用，培养学生解决实际问题的能力
设计方案	引导：怎么验证你的猜想是否正确呢？仪器和药品	实验方案	

【思考与讨论】结合教材实验"次氯酸的漂白性"，上表中的实验方案怎样设计？

微课示例二：氯气的实验室制法

【练一练】人教版高中化学必修教科书第一册第 45 页"二、氯气的实验室制法"。分析教材编写特点、实验装置图设计特点，试着总结实验室制取气体的一般思路和方法。

1. 教材编写特点分析

（1）教材介绍氯气的实验室制取方法及其反应方程式，并以图片的形式直观呈现实验室制取氯气的装置示意图；在对实验装置的分析过程中，需要注意从仪器名称、装置特点、安装注意事项、实验观察要素、实验教学重点和实验结论等对显性知识进行解构。

（2）解析教材实验设计所包含的实验方法、实验安全、实验态度等方面的隐性知识，在教学过程中将隐性知识显性化呈现。例如，尾气处理，较大型装置气密性检查方法、实验原理及选择实验装置的原理、绿色化学设计理念、实验装置的优化等。

（3）教材中将氯气的实验室制法作为正文，而实验室中制取气体装置的设计思路以"方法导引"栏目出现，凸显化学学科研究方法。这两部分内容均为教学重点，灵活运用实验室制取气体的思路去设计气体的实验室制备方法则是教学难点。

2. 知识结构（表 4-14）

表 4-14 "氯气的实验室制法"知识结构

层次	维度			
	知识	能力	价值	素养
显性	氯气的实验室制法、氯气收集方法	实验观察能力、分析概括能力	绿色化学、安全意识	宏观辨识、科学探究能力
隐性	实验室中制取气体的一般思路和方法	实验装置设计能力	创新意识	科学态度与社会责任、创新意识

3. 教学重难点和教学目标

（1）教学重难点。

重点：实验室制取氯气的原理；实验室制取氯气的装置设计。

难点：实验室制取气体的一般思路和方法。

（2）教学目标。

①理解实验室制取氯气的原理，进一步培养从元素价态角度研究物质性质的思维。

②能分析和设计制取氯气的装置，初步建构实验室制取气体装置的设计思路模型。

③通过对氯气尾气处理装置的设计，增强环境保护的意识。

（3）教法学法。

①教法：启发式教学法、问题解决法。

②学法：自主学习、合作学习。

4. 教学过程（表4-15）

表4-15 "氯气的实验室制法"教学过程

学习任务	教师活动	学生活动	设计意图
氯气制备原理	引入：舍勒发现氯气的方法至今还是实验室中制取氯气的主要方法之一。从氧化还原反应的角度分析氯气的实验室制备方法，并改写为离子方程式。 追问：你还知道哪些可以生成氯气的化学反应？这些反应与教材中的化学反应相比，哪种更适合用于实验室制备氯气？ 总结：实验室制备物质的化学反应原理的选择原则：反应条件不苛刻、药品易得、价格低廉、保证安全、少污染	活动1：阅读教材，从氧化还原反应的角度分析的实验室制备氯气的化学方程式； 活动2：对比其他生成氯气的化学反应，分析教材中选用浓盐酸和二氧化锰反应制备氯气的优势	理解实验室制备物质的化学反应原理选择方法，提升实践能力
制备气体的实验装置设计思路	展示：实验室制备氧气、二氧化碳的装置设计。 问题：气体制备装置有哪些部分？分别依据什么来选择呢？小组交流讨论。 师生总结：发生装置根据反应物的状态和反应条件确定，收集装置根据气体密度、在水中的溶解性、能否接触空气来确定	活动1：分析并总结实验室制备气体装置结构组成； 活动2：制取气体最主要的是发生装置和收集装置两部分。 发生装置…… 收集装置……	建构实验室制取气体装置的大致模型
设计氯气制备装置	发布任务：根据制备气体的实验装置设计思路，设计并画出实验室制取氯气装置	活动1：以小组为单位设计实验室制取氯气装置； 活动2：交流分析各小组设计的实验室制取氯气装置	培养设计、评价实验装置的能力

学习任务	教师活动	学生活动	设计意图
教材中实验装置研究与改进	问题：根据教材中实验装置的设计，制得的氯气中含有哪些杂质？ 问题：如何除去水蒸气？ 问题：氯化氢气体该怎么除去？ 提示：饱和食盐水，注意导管的安装	活动1：小组讨论可能有氯化氢气体和水蒸气杂质； 活动2：确定除去氯气中水蒸气的试剂——浓硫酸、无水氯化钙； 活动3：设计除去氯化氢气体的装置	培养设计、评价实验装置的能力
	问题：制备氯气为什么要吸收尾气？根据氯气性质，还有哪些物质可以用于尾气吸收	小组讨论：因氯气有毒；氢氧化钙可以替代氢氧化钠	增强环境保护意识
	问题：分析教材中设计的实验室制取氯气装置，有何优点？还可以如何优化？以教材中实验装置为模板，画出优化后的装置	活动1：以小组为单位画出优化实验室制取氯气装置； 活动2：交流分析各小组改进的实验室制取氯气装置	—
建构模型	总结：通过实验室制取氯气装置的设计，形成实验室制取气体装置设计的一般思路及每一部分装置的设计原则？ 具体问题具体分析，根据需要对其中的某些装置进行取舍	活动1：思路总结：发生装置—除杂装置—收集装置—尾气处理装置。 活动2：发生装置；除杂装置；尾气处理装置	初步建构实验室制取气体装置的设计思路模型

【练一练】以小组为单位，改进并画出实验室制取氯气装置，画出实验室制备气体的一般思路和方法的思维导图。

二、案例2 硫及其化合物

（一）知识体系分析

1. 课标的"内容要求与学业要求"解读

（1）高中化学课标链接（表4-16）。

表4-16 "硫及其化合物"课标要求

内容要求	学业要求
认识元素在物质中可以具有不同价态	能依据物质类别和元素价态列举含硫元素的典型代表物质
结合真实情境中的应用实例或通过实验探究，了解硫及其重要化合物的主要性质	能列举、描述、辨识 S、SO_2、H_2SO_4（浓）的物理和化学性质及实验现象；能从物质类别和元素价态的角度，预测硫及其化合物的化学性质和变化
可以通过氧化还原反应实现含有不同价态同种元素的物质的相互转化	能从物质类别和元素价态变化的角度，设计含硫物质的转化路径

续表

内容要求	学业要求
理解从问题和假设出发确定研究目标、依据研究目的设计方案、基于证据推理等对于科学探究的重要性	能根据实验目的和假设设计实验方案,选择适当的实验试剂,探究不同价态含硫物质的转化;能观察并如实记录实验现象和数据,进行分析和推理,得出合理的结论
了解物质检验的核心思路和基本方法	能利用二氧化硫、硫酸根的性质和反应,选择适当的实验试剂,设计检验二氧化硫、检验溶液中硫酸根等离子
认识这些物质在生产中的应用和对生态环境的影响	能根据硫酸的性质,分析实验室、工业生产及环境保护中的某些常见问题。能说明硫及其化合物(如二氧化硫)的应用对社会发展的价值和对环境的影响,能有意识地运用所学的知识或寻求相关证据参与社会性议题讨论(如酸雨及防治)

思考与交流

①结合学业要求,如何确定"了解硫及其重要化合物的主要性质"学习目标?

②根据"物质类别、元素价态、元素周期律",画出预测二氧化硫化学性质的思维导图。

(2)解析。

①结合真实情境中的应用实例或通过实验探究,了解硫及其重要化合物的主要性质。

教材通过展示图片"硫粉"来分析硫的物理性质,利用元素周期律来探讨硫的化学性质。以工业制硫酸原理为载体,从氧化还原的角度来综合认识含硫化合物的氧化性和还原性,结合浓硫酸与铜的反应的实验、浓硫酸与蔗糖反应的现象展示,基于证据探究浓硫酸的氧化性。

②认识元素在物质中可以具有不同价态,可以通过氧化还原反应实现含有不同价态同种元素的物质的相互转化。

教材以工业制硫酸、"资料卡片"自然界中硫的存在和转化等来说明含硫物质在一定条件下是可以转化的。通过实验探究"不同价态含硫物质的转化"来说明通过氧化还原反应实现含有不同价态同种元素的物质的相互转化。

③了解离子检验的方法。

教材设计实验用 Ba^{2+} 检验 SO_4^{2-},用品红溶液检验二氧化硫。

④认识这些物质在生产中的应用和对生态环境的影响。

教材通过"资料卡片——自然界中硫的存在和转化"来说明含硫物质在生产生活中的应用。

2. 知识结构分析

【练一练】根据物质类别和元素价态(图4-13)画出硫及其化合物的"价—类"二维知识结构图。

3. 教学目标分析

(1)知识基础。

本节内容的目的是通过对硫的学习,帮助学生构建认识非金属元素及其化合物的基本思

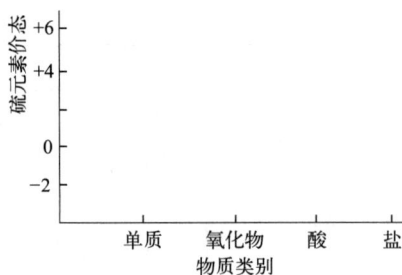

图 4-13　硫及其化合物的"价—类"二维图

路和方法，了解物质间的转化规律。从硫在周期表中的位置和原子结构入手，分析和预测硫的主要性质，然后按照单质、氧化物、酸、盐的顺序依次学习，运用氧化还原反应的知识来实现含不同价态硫元素的物质的相互转化，体现结构决定性质、性质决定用途的化学观念。因此所需具备的基础知识有：

①原子结构与元素周期律。

②物质分类。

③离子反应。

④氧化还原反应相关知识。

（2）重难点。

①重点：硫及其化合物的性质与相互转化；浓硫酸的特性；硫酸根离子的检验。

②难点：硫及其化合物的性质与相互转化；形成硫元素的价—类二维模型。

（3）教学目标。

①通过分析硫的原子结构，推断硫元素可能的化学性质并进行证实，理解物质微观结构与宏观性质之间的关系。

②了解二氧化硫、硫酸的物理性质和化学性质，提升研究物质性质的能力。

③通过二氧化硫与水、与氧气反应的学习，初步建立可逆反应的概念。

④通过设计实验检验硫酸根离子的实验方案，掌握物质检验的思路。

⑤设计含不同价态硫元素的物质相互转化的实验方案，增强科学探究能力。

⑥认识含硫物质在自然界循环、在工业、食品中的应用价值，增强环保意识，培养社会责任感。

（二）图片和栏目解析

1. 部分图片分析（表 4-17）

【思考与讨论】分析"图 5-1　硫粉、图 5-8　化工工程师……"的图片类型、图片教学功能，据此提出你的教学策略。

表 4-17　人教版"硫及其化合物"部分图片解析

图片名称	图片类型	图片功能	知识点
图 5-5　浓硫酸与蔗糖反应	实验现象类图片	（1）实验前后现象的强烈对比，发展安全意识； （2）实验操作规范	（1）蔗糖脱水的原理及实验现象； （2）浓硫酸脱水性的应用

续表

图片名称	图片类型	图片功能	知识点
图5-6　浓硫酸与铜反应	实验装置类图片	（1）直观展示实验装置和现象； （2）发展安全意识； （3）为实验装置设计提供思路和参考	（1）显性知识：仪器名称及其操作要点、装置图特点、安装注意事项、实验现象； （2）隐性知识：实验装置设计思路、有关浓硫酸的安全操作知识
图5-7　自然界中硫元素的存在示意图	体现STSE理念的图片	（1）说明硫元素的多样性及在自然界的存在形式； （2）提供火山爆发展示不同价态含硫物质的转化，发展变化观	（1）自然界硫元素的存在形式； （2）自然界含硫元素在一定条件下的转化原理和方法

2. 部分栏目分析

（1）【实验——二氧化硫溶于水】。

栏目功能：教材里提到"二氧化硫是一种酸性氧化物"，意在以酸性氧化物的性质［酸性氧化物与水反应生成对应（即硫元素价态不变）的酸、酸性氧化物与碱反应生成盐和水］预测、验证二氧化硫与水反应。实验是预测的延续。因此实验功能有：通过酸性氧化物性质，预测二氧化硫和水反应生成对应的酸，通过实验验证预测的正确性，培养研究物质性质的能力。根据预测设计实验方案、证据推理的能力。

知识点：实验类教学内容可针对"实验目的、实验操作要点、实验现象、实验教学重点"进行分析和解读。

①实验目的：实验用于验证二氧化硫在水中的溶解性和生成物亚硫酸的酸性。

②实验操作要点：a. 实验时试管内二氧化硫的纯度要高，否则实验现象不明显，可用亚硫酸钠与浓硫酸反应制取二氧化硫。b. 教材中检验生成的亚硫酸采用pH试纸而不用石蕊溶液，是为了保留产物做下面二氧化硫的漂白性实验。c. 注意防止二氧化硫污染空气。

③实验现象：a. 试管内液面上升，pH试纸测得溶液的pH<7。b. 实验分析：二氧化硫易溶于水，使试管内气体压强减小，导致液面上升，同时生成了亚硫酸，使溶液显酸性。

④实验教学重点：实验装置设计原理及实验现象推论。

（2）【资料卡片——食品中的二氧化硫】。

栏目功能：呈现出二氧化硫在食品中的应用，解释生活中喝葡萄酒要醒酒的常识，并提出若使用不当会造成超标，危害人体健康，进一步说明二氧化硫的两面性，培养科学态度与社会责任。

知识点：二氧化硫的漂白性、二氧化硫杀菌作用、抗氧化作用、二氧化硫超标的危害。

（3）【实验——浓硫酸与铜反应】。

思考与交流

实验类教学内容可针对"实验目的、装置设计特点、实验操作要点、实验现象、实验教学重点"进行分析和解读，根据人教版教材中知识呈现方式的设计，回答下列问题：

①实验仅仅用于验证铜与浓硫酸的产物吗？

②实验操作中需要注意什么？

③实验现象有哪些？

【文献研读】阅读《铜和浓硫酸反应实验的探究❶》《铜与浓硫酸反应的实验综述❷》两篇文献，分析人教版铜和浓硫酸反应实验设计特点，完成表 4-18。

表 4-18 人教版铜和浓硫酸反应实验设计特点

教材呈现内容		你的观点
文本描述	在橡胶塞的侧面挖一个凹槽，嵌入铜丝，反应结束后，向外拉铜丝，终止反应	
	铜丝下端卷成螺旋状	
	在试管中加入 2mL 浓硫酸	
	铜丝和浓硫酸接触后加热	
	冷却后，将试管内物质缓慢导入盛有少量水的另一支试管中	
装置设计	反应装置和验证装置一体化	
	浸 NaOH 溶液的棉团吸收尾气	
	反应产生的气体直接通入品红溶液	
	利用品红溶液和石蕊溶液验证产物	

【研究与实践】综合教材中的文本和装置的设计特点，总结人教版铜和浓硫酸反应实验优化措施，画出优化后的装置图。

实验教学重点：实验原理（根据铜元素价态预测）、实验现象分析、实验装置改进设计思路。

栏目功能：

①根据元素价态预测浓硫酸性质。

②助读系统的"提示"提供了实验有关的图标的说明，有助于规范实验操作，培养安全意识。

③提供根据预测物质性质设计实验装置验证的思路。

④创新意识培养。

（4）【探究——不同价态含硫物质的转化】。

【研究性学习】按照表 4-19、表 4-20 对教材中的探究活动展开分析和评价。

---

❶ 宋志贵. 铜和浓硫酸反应实验的探究 [J]. 教育与装备研究，2018（1）：51-53.

❷ 黄娇丽，李佳. 铜与浓硫酸反应的实验综述 [J]. 教育与装备研究，2020（9）：39-45.

表4-19　科学探究内容设计分析❶

内容	操作性定义
1-1　科学探究都始于一个问题，但不需要验证一个假说	教材有明确的探究问题，不属于验证性实验，不要求学生提出假说
1-2　探究不遵循单一的一套或一系列研究步骤	教材中的探究任务设计不一定呈现"提出问题—形成假设—设计方案—获取证据—分析数据—形成结论—反思评价—表达交流"的完整探究模式
1-3　探究过程由研究问题所指导	提出的研究问题是明确的、科学且相关的，所提供的实验过程是由所问的问题指导的
1-4　科学家使用相同的过程可能不会获得一样的结论	体现为探究任务的预期结果是不确定的，教材中存在"你得出的结论是否与其他人相同""建议与标准数据比较""存在实验误差"等相关表述
1-5　探究过程会影响研究结果	不同的探究设计方案会对研究结果产生影响，教材中要求学生自主设计部分或完整的实验方案
1-6　结论必须与收集的数据保持一致	研究结论必须要真实、可检验，教材中要求学生基于收集的数据得出结论
1-7　科学数据不等同于科学证据	教材中存在将除实验数据以外的观察结果或收集的资料信息等作为证据等内容
1-8　解释是根据收集的数据和已知的信息而形成的	教材有要求根据实验现象、数据或已知信息进行解释问题等相关表述

表4-20　科学探究技能分类❷

技能分类	技能要素
基础技能	2-1 观察、2-2 测量、2-3 比较、2-4 推断与预测、2-5 展示与表述
综合技能	2-6 形成并验证假设、2-7 识别与控制变量、2-8 数据（图表、符号）表征、2-9 分析与解释

通过对比分析，教材中"不同价态含硫物质的转化"，在科学探究本质、科学探究技能的设计上有何特点？根据科学探究基本程序、化学实验设计原则，如何创造性使用教材？

（三）微课示例

微课示例一：二氧化硫溶于水

【练一练】人教版高中化学必修教科书第二册"【实验5-1】二氧化硫溶于水"，分析教材编写特点，试着根据教材分析结果设计教学过程并开展微课实践。

---

❶ Wenyuan Yang, Enshan Liu. Development and validation of an instrument for evaluating inquiry-based tasks in science textbooks [J]. International Journal of Science Education，2016，0：2688-2711.
❷ 姚娟娟，王世存，姚如富，等. 高中化学教材中实验类栏目的探究水平和探究技能研究［J］. 化学教学，2020（10）：19-23，29.

1. 教材编写特点解读

教材通过文字、实验直接陈述"二氧化硫溶于水"的反应，职前教师对这样的知识呈现方式通常有一定的认知误区，会误认为教材中的实验是验证性实验。那么，到底是不是验证性实验呢？这需要根据硫及其化合物在教材体系中的位置和课标要求综合分析。硫及其化合物在人教版教材中，位于高中化学必修教科书第二册，安排在无机元素化合物知识的学习即将结束的阶段。通过必修教科书第一册中元素化合物知识的学习，学生已经掌握并初步运用"价—类二维思维模型"来预测物质性质，结合教材文本中的"二氧化硫是酸性氧化物"这一描述、课标中"能从物质类别和元素价态的角度，预测硫及其化合物的化学性质和变化"的要求，"二氧化硫溶于水"的教学程序可以按照"预测—设计实验方案和实验装置—收集证据–验证猜想"来开展是符合课标要求的。

2. 知识结构（表4-21）

表4-21 "二氧化硫溶于水"知识结构

层次	维度			
	知识	能力	价值	素养
显性	二氧化硫的化学性质、可逆反应	观察能力、证据推理能力	化学反应分类思想	宏观辨识、证据推理
隐性	酸性氧化物性质	预测物质性质能力、类比	研究物质性质的学科思维、环保意识	模型认知

3. 教学重难点和教学目标

（1）教学重难点。

①重点：预测二氧化硫化学性质。

②难点：可逆反应、预测物质性质和据此设计实验方案能力。

（2）教学目标。

①通过对比了解二氧化硫的化学性质，提升根据物质组成预测物质性质的能力。

②初步建立可逆反应的概念，认识化学反应的多样性。

③初步认识酸雨的形成原理，树立保护环境的意识。

（3）教法学法。

①教法：启发式教学法、实验法。

②学法：自主学习、合作学习。

4. 教学过程（表4-22）

表4-22 "二氧化硫溶于水"教学过程

学习任务	教师活动	学生活动	设计意图
创设情境提出问题	播放酸雨的视频，介绍空气质量报告的内容，提出问题：二氧化硫与酸雨的形成有什么关系？根据酸性氧化物性质预测二氧化硫性质	【活动】根据二氧化硫是酸性氧化物，预测并写出二氧化硫与水反应的化学方程式	环保意识，提升预测物质性质能力

续表

学习任务	教师活动	学生活动	设计意图
实验方案设计	【问题】二氧化硫 SO_2 溶于水是物理变化还是化学变化，或者二者兼而有之？设计实验证明你的预测 【总结】①SO_2 溶于水可以通过气体压力的变化来观察；②SO_2 与水反应生成对应的酸，可以通过指示剂来观察	【小组活动1】设计实验方案，画出实验装置。 SO_2 溶于水 SO_2 与水反应 【小组活动2】评价实验设计方案	设计实验的能力
实验探究 SO_2 与水反应	【实验】把一支充满 SO_2、塞有橡胶塞的试管倒立于水槽中，在水面下打开橡胶塞，观察现象，用 pH 试纸测定溶液的 pH。放置一段时间后，再次测定溶液的 pH	观看实验，完成表格 {| 观察点	现象	结论
试管		
pH 试纸		|}	证据收集和推理能力
可逆反应	【问题】结合两次测试 pH 值的不同，阅读教材，思考：什么是可逆反应？可逆反应有什么特征	阅读教材	培养自主学习能力
拓展	根据 SO_2 中硫元素的化合价，比较 S、O 两种元素在元素周期表的位置，预测 SO_2 和 O_2 反应时的产物	预测并写出反应的化学方程式，进行分析说明	加强化学理论对元素化合物知识的指导

【想一想】你能写出 SO_2 和 O_2 的电子数、结构式吗？

微课示例二：浓硫酸与铜反应

【练一练】搜集并整理"铜和浓硫酸反应"研究文献，结合人教版高中化学必修教科书第二册"【实验 5-3】浓硫酸与铜反应"，分析教材编写特点，提出创造性使用教材的策略。

1. 教材编写特点解读

（1）教材以实验的形式设计了"浓硫酸与铜反应"的实验，在对实验进行解读过程中，可针对"实验仪器装置、实验目的、实验操作要点、实验现象、实验教学重点"进行分析和解读。

（2）关于实验内容的知识体系，不仅要对显性的知识点进行解读，还要对实验方法、实验态度和安全意识等隐性知识进行分析，将隐性知识显性化，促进学生化学学科核心素养的全面发展。

（3）根据学业要求"能从物质类别和元素价态的角度，依据氧化还原反应原理，预测硫及其化合物的化学性质和变化"，基于氧化还原反应相关知识，对反应方程式的氧化剂和还原剂进行分析，提升学生利用"价—类二维模型"预测物质性质及化学反应现象能力。

2. 知识结构（表4-23）

表4-23 "浓硫酸与铜反应"知识结构

层次	维度			
	知识	能力	价值	素养
显性	浓硫酸的强氧化性、SO_2检验及吸收装置	预测物质性质及变化能力、分析推理能力	宏—微—符一致思想、变化观念	宏观辨识与微观探析、科学态度与社会责任
隐性	浓硫酸浓度、温度不同时，铜和浓硫酸反应原理及其方程式	实验装置设计能力	安全意识、严谨求实、创新意识	科学探究与创新意识

3. 教学重难点和教学目标

（1）教学重难点。

①重点：浓硫酸的强氧化性、预测并设计实验装置。

②难点：系统思维、实验装置改进方法。

（2）教学目标。

①通过探究浓硫酸与铜的反应，了解浓硫酸的强氧化性。

②通过探讨产物SO_2的处理方式，体会绿色化学理念在实验中的体现，增强环保意识，提高可持续发展思想。

③通过改进铜和浓硫酸反应实验装置，提升实验装置设计能力。

（3）教法学法。

①教法：启发式教学法、实验法。

②学法：自主复习、自主学习、合作学习。

4. 教学过程（表4-24）

表4-24 "浓硫酸与铜反应"教学过程

学习任务	教师活动	学生活动	设计意图
创设情境，提出核心问题	问题：展示工业上运输浓硫酸装置，原理是什么	回顾初中知识，利用了浓硫酸的强氧化性，金属发生钝化	联系工业生产，加深知识理解，并引出新知
预测浓硫酸和铜反应	问题：稀硫酸与铜发生反应的实质是什么？ 问题：从浓硫酸中硫元素价态变化的角度，预测浓硫酸的性质，以浓硫酸和铜为例，进一步预测反应产物。 提示：S化合价变化：+6→+4；+6→0；+6→-2	活动1：写出稀硫酸和铜方式的离子方程式，分析参与氧化还原反应的微粒。 活动2：对比分析浓硫酸和稀硫酸参与氧化还原反应时元素的不同，据此预测浓硫酸中硫元素价态不同变化过程的产物差异，试着写出化学方程式	建立根据元素价态变化预测物质性质及其变化的思维，提示研究物质性质。 强化系统的化学思维
实验装置设计分析	【发布任务】以+6→+4为例，分析教材实验装置设计目的	活动：阅读并分析教材中实验装置设计特点，自主分析装置各部分的作用	提升实验装置解读能力，倡导绿色化学

续表

学习任务	教师活动	学生活动	设计意图
实验探究，认识浓硫酸的强氧化性	【实验】演示"浓硫酸与铜反应"实验，问题：现象是什么？反应后试管里的溶液是什么物质呢？怎么取出比较安全	活动1：观察记录实验现象，小组讨论各部分化学反应原理并写出反应方程式。活动2：回顾浓硫酸的取用实验操作要求	发展证据推理、宏观辨识与微观探析的学科核心素养
实验改进思路	【展示】浓硫酸与铜在不同温度以及不同浓度下反应所得到的副反应产物资料。问题：看到了哪些异常实验现象？该装置存在哪些不足呢？应该采取哪些方法来改进此装置	小组讨论：易发生副反应，发生倒吸，气密性不良，SO_2 吸收不完全逸出污染环境、浓硫酸浓度最佳为 70%，先加热浓硫酸再接触铜丝等，并给出改进方案	设计改进装置方案，增强创新意识
思考与讨论	以"北京动物园熊被泼硫酸的新闻事件"为例，谈谈浓硫酸的使用有何看法	【讨论】探讨"北京动物园熊被泼硫酸的新闻事件"	培养社会责任、提升安全意识

【拓展】以人教版高中化学必修教科书第二册"【实验5-4】硫酸根离子的检验"为例，开展微课设计和试讲。

三、案例3 氮及其化合物

（一）知识体系分析

1. 课标的"内容要求与学业要求"解读。

（1）高中化学课标链接（表4-25）。

表4-25 "氮及其化合物"课标要求

内容要求	学业要求
认识元素在物质中可以具有不同价态，认识氮及其化合物的多样性	能依据物质类别和氮元素价态列举典型含氮物质
结合真实情境中的应用实例或通过实验探究，了解氮及其重要化合物的主要性质	能列举、描述、辨识 N_2、NH_3、NO_2、NO、HNO_3 等的性质，能正确书写化学方程式和离子方程式
了解通过化学反应可以探索物质性质	能从物质类别、元素价态的角度，依据复分解反应和氧化还原反应原理，预测氮及化合物的化学性质和变化，设计实验进行初步验证，分析、解释有关实验现象
了解通过化学反应可以实现物质转化	能从物质类别和元素价态变化视角说明含氮化物的转化路径

续表

内容要求	学业要求
认识氮及其化合物在生产中的应用和对生态环境的影响；认识物质及其转化在促进社会文明进步、自然资源综合利用和环境保护中的重要价值	能说明氮及其化合物（合成氨、二氧化氮等）的应用对社会发展的价值和对环境的影响； 能有意识地运用所学的知识或寻求相关证据参与社会性议题（如酸雨及防治）的讨论

思考与交流

结合内容要求和学业要求中的行为动词，分析教学重点；结合学生前期知识基础和能力基础，分析教学难点。

（2）解析。

①认识元素在物质中可以具有不同价态，认识氮及其化合物的多样性。

教材根据物质类别，按照"单质—氧化物—酸—氨气—铵盐"选择典型含氮物质，其中含氮元素的氧化物，根据氮元素价态的不同，列举了 NO_2、NO 两种物质。根据课标，能根据物质类别和氮元素价态说出上述物质。

②结合真实情境中的应用实例或通过实验探究，了解氮及其重要化合物的主要性质。

教材创设了自然界中氮的循环、工业合成氨、工业制硝酸等真实情境，设计了 NO_2 溶于水、氨溶于水、氨气制备、铜和硝酸反应等实验来引导学习氮及其重要化合物的主要性质。根据课标内容要求，可以补充设计实验探究物质性质，学业要求处于记忆层次。

③了解通过化学反应可以探索物质性质。

探索物质性质的这一教学目标，在"学业要求"中具体表现为预测→设计实验→收集证据验证→分析、解释有关实验现象。

教材从氮原子结构特点、化学键角度分析氮元素在自然界的存在形式、N_2 的稳定性；依据复分解反应和氧化还原反应原理分析 NO_2、NO、HNO_3 的性质；从复分解反应和氧化还原反应的角度分析 NH_3 和铵盐的性质。

根据教材编写特点和课标要求，建议教学中转变教学内容呈现形式，以探究式、启发式教学为主，将陈述式内容转变为问题串，提升学生探索物质性质能力。

④结合实例认识氮及其化合物的多样性，了解通过化学反应可以实现物质转化。

教学目标要求了解氮及其化合物的转化，学业要求说明含氮化物的转化路径。因此，教学中低水平要求是学生不用自行设计转化路径，而是对给出的转化路径进行分析说明，写出转化的化学方程式；根据"学业质量水平2-2：能设计转化方案"，教学中较高水平要求是学生能自行设计氮及其化合物的转化方案，并能用化学符号表征这些转化。

教材给出了"自然界中氮的循环、工业上制硝酸的流程"带领学生完成转化路径的分析说明，根据学业质量水平的要求，可以补充简单的氮及其化合物的转化路径的设计方案类内容。

⑤认识氮及其化合物在促进社会文明进步、自然资源综合利用和环境保护中的重要价值。

解析：教材编入"酸雨及防治"内容以及"测定雨水的 pH"的研究与实践活动，综合运用氮及其化合物的相关知识，寻求证据参与社会性议题的讨论，分析合成氨工业对社会发展的价值和对环境的影响，有意识地渗透资源合理利用和环境保护意识。

（3）知识结构。

【练一练】画出氮及其化合物的知识体系思维导图（形式自定），分析知识基础、教学重点、教学难点。

2. 教学目标分析

（1）知识基础。

这一节知识与初中知识联系紧密，是初中化学中有关物质类别和化学变化类型知识的总结和升华，是初中金属、酸、碱、盐等类型物质性质的总结和初步应用。因此，所需的知识基础有：①基于元素组成的物质分类知识。②酸、碱、盐的通性。③化学反应基本类型。

（2）重难点。

①重点：氮及其重要化合物的性质与相互转化；硝酸的不稳定性和强氧化性；酸雨的概念。

②难点：预测二氧化氮的化学性质；硝酸的强氧化性。

（3）教学目标。

①通过价—键理论预测含氮物质的化学性质，初步理解结构与性质的关系。

②了解氮及其化合物的性质，提升研究物质性质的能力。

③知道自然界氮循环、工业上制取硝酸原理，掌握研究物质转化的思路和方法。

④了解氨的实验室制法、铵盐的检验方法，掌握物质制备、鉴别的方法。

⑤认识氮及其化合物在生产中的应用和对生态环境的影响，赞赏化学知识的价值。

⑥了解酸雨的形成机理，增强环保意识，形成绿色化学思想和可持续发展观念。

（二）图片和栏目解析

1. 部分图片分析（表4-26）

【思考与讨论】分析"图5-9　自然界中氮的循环、工业制硝酸流程"的图片类型、图片教学功能，据此提出你的教学策略。

表4-26　"氮及其化合物"部分图片解析

图片名称	图片类型	图片功能	知识点
图5-10　二氧化氮溶于水的实验	实验装置类插图	（1）实验装置设计能力；（2）封闭的实验体系设计体现环保意识	NO、NO_2 在水中溶解性　NO、NO_2 的相互转化及实验现象
图5-11　氨溶于水的喷泉实验	实验现象类插图	（1）实验装置设计能力；（2）总结气体溶解性实验装置的设计原理	NH_3 在水中溶解性　NH_3 与水反应的装置设计特点及实验现象
图5-12　氨与氯化氢反应	实验现象类插图	直观展示反应的现象，使学生对反应印象更加深刻、清晰	NH_3 与 HCl 反应的实验现象　NH_4Cl 为白色固体

图片名称	图片类型	图片功能	知识点
图 5-13　实验室制取氨的简易装置示意图	实验装置类插图	(1) 气体制备的实验装置设计能力； (2) 通过尾气处理培养环保意识	实验装置、实验现象、实验结论
图 5-14　硝酸与铜反应	实验装置类插图	(1) 根据实验原理设计实验装置提升设计能力； (2) 通过尾气处理培养环保意识	实验装置、实验现象、实验结论；实验装置改进的一般思路
图 5-15　酸雨的形成示意图	原理图	环保意识；激发学习化学回报社会的热情	酸雨形成和防治的原理；含硫和含氮物质的转化思路
图 5-16　酸雨会破坏森林	科学生活类插图	促进学生理解化学、技术、社会和环境之间的相互关系，可以增强学生保护环境的社会责任感	酸雨危害的原因

2. 部分栏目分析

(1)【科学史话——合成氨】。

栏目功能：展示合成氨工业生产的发展历程，展现了科学技术促进社会进步的重大贡献，激发学生学习热情；为后续化学反应速率和化学反应限度打下基础。

知识点：合成氨的原理、反应条件。

教学策略：

①结合"自然界氮的循环"，从合成氨的原理分析为什么从实验室到工业量产历经多年，工业生产和实验室合成有哪些不同？

②补充我国合成氨的发展历程和现状、现阶段合成氨工业发展现状。

(2)【实验——二氧化氮溶于水的实验】。

栏目功能：培养实验装置设计能力。

知识点：

①NO、HNO_3、NO_2 的相互转化及实验现象。

②NO、NO_2 在水中溶解性大小。

教学策略：

①初步建立不同价态氮元素转化方法。

②查阅文献，优化实验装置。例如，图 4-14 中的二氧化氮与水反应的微型装置，通过在玻璃管上方连接氧气、烧杯中液体可以用氢氧化钠或者蒸馏水相互替换。

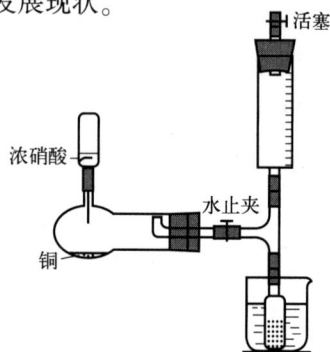

图 4-14　二氧化氮与水反应的微型装置❶

(3)【实验——氨溶于水的喷泉实验】。

栏目功能：①验证气体在水中溶解性、是否与水反应的实验方案和实验装置设计思路。②吸起引学生兴趣，激发其探究欲。

---

❶ 戴明. 二氧化氮与水反应的微型实验 [J]. 化学教育, 2016, 37 (3): 69-71.

知识点：

①氨气易溶于水。

②气体溶解性比较的实验设计原理。

③氨水的碱性。

教学策略：

①氨水的电离过程不要求，但是学生需要知道氨水呈碱性的原因，因此可以展示氨水的电离方程式，但是不要求学生书写。

②实验装置的设计，可以结合 SO_2、NO_2、CO_2 等溶解度比较大的气体溶解性实验装置设计原理，要求学生自己设计装置，然后分析教材中装置设计原理。

③实验教学过程，需要注意哪些事项？请完成表4-27。

表4-27　"氨气溶于水的喷泉实验"设计特点分析

	教材呈现内容	操作注意事项及原因
文本描述	干燥的圆底烧瓶	
	烧瓶要充满 NH_3	
	胶头滴管预先吸入水	
	橡皮塞塞紧瓶口	
	玻璃管插入烧杯（插到烧杯哪个位置？烧杯中水量？）	
装置设计	教材装置设计	分析
	原理	
	优点	
	不足	
	你的改进意见	

（4）【实验——氨根离子的检验实验】。

栏目功能：

①针对教学内容设置的演示实验或者学生课堂实验。

②通过实验总结实验室检验氨盐和制取氨的化学原理。

知识点：

①氨根离子遇碱产生氨气。

②氨气溶于水显碱性。

（5）【思考与讨论——实验室制取氨的简易装置图】。

栏目功能：

①通过学习铵盐与碱反应生成氨的性质后，设置有关氨的实验室制法的思考与讨论，培养迁移能力。

②利用已掌握的实验室制取氧气的方法类比于此学习制取氨的方法。

知识点：

①利用铵盐与碱反应的原理设计实验室制取氨的简易装置。

②实验装置、仪器连接的注意事项。

教学策略：根据课标要求，教学重点在气体制备的思路、实验装置的选取，可以设计如下内容引导学生类比氯酸钾和二氧化锰共热制备氧气的思路（表4-28），完成实验的设计。

表4-28　实验室制备氨气的基本思路

可以生成氨气的反应	实验室制备氨气的原理及选择理由	实验装置的设计			实验现象及结论	
		发生	收集	尾气	现象	结论
①②③						

（6）【实验——硝酸与铜反应实验】。

栏目功能：

①针对教学内容设置的演示实验或者学生课堂实验。

②通过浓、稀硝酸与铜的实验进一步掌握理解硝酸的强氧化性。

知识点：

①不同浓度的硝酸与铜反应的产物不同。

②不同浓度的硝酸与铜反应的反应速率也不同。

教学策略：

①与铜和浓硫酸反应的实验装置对比，提升实验装置设计水平。

②铜和稀硝酸反应时，如果用教材中的具支试管作为反应装置，那么生成的 NO 会被空气中的氧气氧化为 NO_2。可以将具支试管改为针筒隔绝空气，铜丝改为铜片，实验中利用气体的压力推动针筒中的活塞上行，这样可以观察到无色的 NO；利用针筒吸入一定量的空气就可以观察 NO 的氧化。

（7）【思考与讨论——工业制硝酸流程】。

栏目功能：

①归纳物质化学性质的基础上，进一步从物质类别和元素价态的视角来认识物质转化关系。

②简单介绍硝酸在生产中的用途和工业制备硝酸的方法。

知识点：

①工业制备硝酸的流程以及所涉及的化学反应方程式。

②根据制备流程中氮元素化合价的变化情况来判断所发生的氧化还原反应。

教学策略：工业制硝酸的流程实现含氮物质的转化，教材中对工业流程图的教学内容提出了具体要求，要求分析氮元素化合价变化并用化学符号表示。因此，在教学中，可以设计如下表格（表4-29）带领学生厘清思路，为灵活地设计气体物质转化路径提供参考。

表4-29　不同价态含氮物质转化路径设计思路

转化路径	转化原理	选取试剂	实验现象	结论
$N_2 \rightarrow NH_3$				
$NH_3 \rightarrow NO$				
$NO \rightarrow NO_2$				
$NO_2 \rightarrow HNO_3$				

（8）【研究与实践——测定雨水的 pH】。

栏目功能：

①拓展氮及其化合物学习内容的课题。

②通过测定雨水的 pH，认识酸雨的危害，激发保护环境的紧迫感，进而培养学生的社会责任。

③培养信息搜集整理分析能力。

知识点：

①pH 的测定方法。

②酸雨形成的原因。

教学策略："研究与实践"是实践类学习内容，是学习内容的拓展。"测定雨水的 pH"属于实践活动。

①根据教材对实践活动设计，需要比较自来水和雨水的 pH 值，建议教师提前搜集并测试一次雨水 pH 值。根据雨水 pH 值查阅当地空气质量和主要污染物来源，这样给学生课堂讨论提供实证。

②有关酸雨的资料搜集，根据学生所处环境来安排学习活动任务，必要时教师可以搜集一些文献作为补充。

③由于是实践活动，教学形式建议以小组活动为主，教师为学生学习的支持者角色。

（三）微课示例——硝酸与铜反应

【练一练】人教版高中化学必修教科书第二册"硝酸与铜反应"。分析教材编写特点，化学知识体系框架图，试着根据教材分析结果设计教学过程。

1. 教材编写特点解读

（1）教材设计了不同浓度的硝酸与铜反应的实验，之前学习了铜和浓硫酸反应，稀硫酸和较活泼的 Zn、Fe 等金属反应，稀硫酸不能和铜反应。这些前置知识可能会让学生误认为稀硝酸也不能和铜反应，或者稀硝酸和较活泼的 Zn、Fe 等金属反应原理和稀硫酸相似。

（2）根据教材中氮及其化合物的编排顺序，可以通过比较 S、N 两种元素在周期表的位置，得出 N 的非金属性强于 S 的结论，为稀硝酸具有氧化性这一知识点提供理论指导。

2. 知识结构（表 4-30）

表 4-30　"硝酸与铜反应"知识结构

层次	维度			
	知识	能力	价值	素养
显性	硝酸的氧化性、硝酸的物质结构	实验方案和装置设计能力	科学知识的价值	变化观念
隐性	氮元素性质、氮原子结构	类比、交流评价能力	节约资源	科学态度与社会责任

3. 教学重难点和教学目标

（1）教学重难点。

①重点：掌握硝酸、浓硝酸的强氧化性。

②难点：设计实验探究硝酸的氧化性。

（2）教学目标。

①了解硝酸的氧化性，发展基于元素性质、元素价态变化研究物质性质的思维。

②通过设计浓硝酸与铜反应的实验，发展科学探究与创新意识。

③通过课后收集硝酸在生产生活中的用途，认识其在工农业生产、国防中的重要用途，发展科学态度与社会责任的核心素养。

（3）教法学法。

①教法：启发式教学法、问题解决法。

②学法：自主学习、合作学习。

4. 教学过程（表4-31）

表4-31 "硝酸与铜反应"教学过程

学习任务	教师活动	学生活动	设计意图
根据S、N两种元素在周期表的位置对比分析硫酸和硝酸的性质	【引入】你知道在废旧金属回收中怎么提取金吗？ 【提问】根据S、N两种元素的位置在元素周期表中，预测两种元素性质。浓硫酸由于S元素处于最高价而具有强氧化性，那么硝酸呢	讨论： （1）预测S、N两种元素性质； （2）举例说明稀硫酸和浓硫酸氧化性的差异； （3）从元素价态预测硝酸的氧化性，并与硫酸比较	通过实验设计促进科学探究与创新意识的发展
认识硝酸的氧化性	【问题】为什么稀硝酸与浓硝酸都具有氧化性？ 【讲解】结合HNO_3的微观结构讲解浓硝酸的氧化性 :Ö: :Ö: N :OH	根据硝酸的分子结构、氮元素价态，分析硝酸具有氧化性的原因：氮元素具有较强的非金属性，在硝酸中氮元素处于+5价，最高价，得电子能力特别强，所以稀硝酸与浓硝酸都具有氧化性	从元素价态变化、微观角度分析，激发学生的探究欲，加深对氧化性本质的理解
预测物质性质	问题：对比浓硫酸和铜反应的原理，结合氧化还原反应原理，预测稀硝酸、浓硝酸与铜反应的产物。 引导：请大家对照教材的化学方程式开展自我评价，根据 Cu + HNO_3（稀）——→NO_2；Cu + HNO_3（浓）——→NO_2，说说稀硝酸还是浓硝酸的氧化性强。 总结：氧化性是物质得电子能力，不是得电子的数目。浓硝酸与铜反应更剧烈，因此浓硝酸具有强氧化性	活动1：预测并写出铜和稀硝酸、浓硝酸的反应。 活动2：自我评价预测物质性质的能力。 讨论：化合价的变化与氧化性的强弱有关系吗	反思意识，根据元素价态变化预测物质性质的能力

续表

学习任务	教师活动	学生活动	设计意图
实验方案设计	根据给出的药品，验证你的猜想是否正确 （1）实验仪器： 10mL注射器2个、烧杯一个；带橡皮塞的U型管一支 （2）实验药品： 65%浓HNO_3、稀HNO_3（浓HNO_3与水的配比约为1:1）、20% NaOH溶液、2个铜片、CCl_4溶液	活动：设计并评价方案 方案1······ 方案2······	根据物质性质设计实验方案的能力；评价实验方案能力
验证猜想	问题：根据小组的实验方案开展实验，主要实验安全，收集证据证明你的猜想	观察实验现象，根据实验现象推论	证据推理能力
迁移应用	启发：稀硝酸具有氧化性，那么，稀硝酸能与较活泼的Fe发生反应吗？如果反应，产物是不是有氢气	自主学习：预测铁和稀硝酸的反应原理与铁和稀硫酸反应原理的差异	迁移应用能力
课后拓展	引导：浓硝酸具有很强的氧化性，对皮肤有腐蚀性。但是也可以利用这一特性来为生活生产服务 作业：阅读教材、课外收集资料，分析硝酸氧化性的应用	阅读教材 课外收集整理资料 小组交流分享	培养科学态度与社会责任

【研究性学习】在上述教学过程中，学生需要设计铜和硝酸反应的实验方案，请根据教学过程中提供的仪器和药品，设计实验方案，并画出实验装置图。

第三节 "有机化合物"内容分析

一、教材"第七章 有机化合物"章结构特点

对于有机化合物主题，课程内容突出"化学键—官能团"的指导价值，引导学生形成"结构决定性质，性质决定用途"的核心观念，按"结构—性质—重要应用"的明线进行设计。

从图4-15可以看出，基于大概念建构的有机化合物知识体系，首先是碳原子成键特点、碳骨架、各种官能团等核心概念，通过甲烷、乙烯、乙醇、乙酸的分子结构、性质等知识点突出和强化核心概念，通过有机物在生活中的应用，体现有机物在生活、生产中的重要作用，也反映性质决定用途的化学观念。

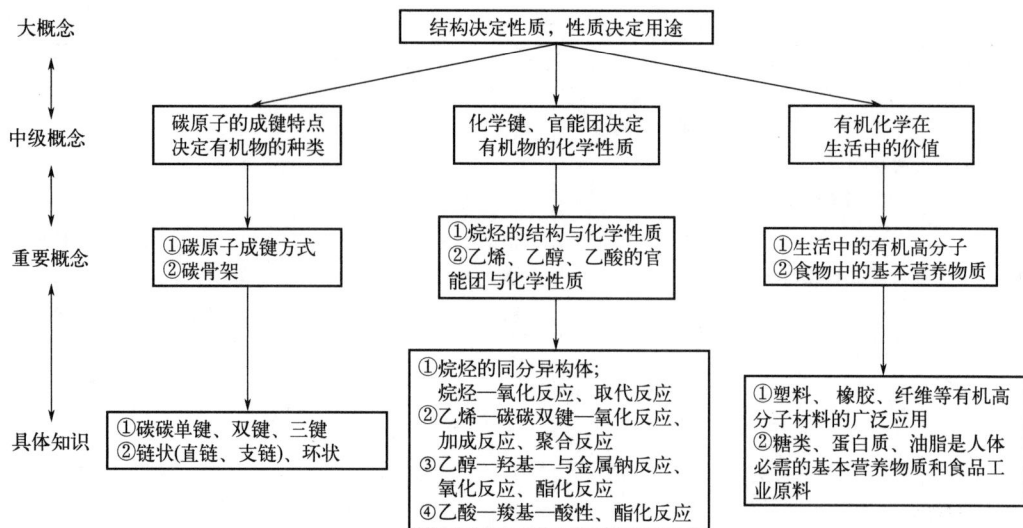

图 4-15　大概念视野下的"有机化合物"知识结构图

二、重点发展的化学学科核心素养（表 4-32）

表 4-32　"有机化合物"重点发展的化学学科核心素养

化学学科核心素养	素养表现
"宏观辨识与微观探析"	基于碳原子成键特点，认识到有机化合物种类的多样性。根据官能团的种类，从结构和性质上对有机化合物进行分类。从元素组成、分子结构等方面认识有机化合物的性质，形成"结构决定性质"的观念
"变化观念与平衡思想"	通过对乙烯、乙醇和乙酸等典型代表物的学习，体会有机化学反应在不同反应条件、反应试剂及反应产物等方面的差异，深化"结构决定性质，性质反映结构""性质决定用途"等学科观念
"证据推理与模型认知"	建立有机物由化学键和官能团组成的认知模型，基于官能团、化学键的特点与反应规律推断有机物的化学性质及相互关系
"科学探究与创新意识"	通过球棍模型的搭建和探究乙醇、乙酸化学性质的实验，学会组装实验仪器，与同学合作完成实验操作，并能运用多种恰当方式收集实验证据
"科学态度与社会责任"	知道合成新物质是有机化学研究价值的重要体现，结合实例对生产生活中常见的有机化合物的性质与用途进行分析，认识到有机化合物在能源、材料领域中的应用价值及有机化学对人类社会发展作出的巨大贡献

教材分析案例

案例1　乙烯

【文献阅读】阅读文献《促进学生结构与性质整体理解的有机化学反应教学研究——以

"再探乙烯与溴水的反应"为例》❶，思考：

（1）基于结构视角理解有机化学反应原理，乙烯的结构有什么特点？烯烃的官能团对烯烃结构有何影响？

（2）高中化学必修和选择性必修模块3中，都有乙烯的性质内容，乙烯的内容在高中化学不同层次上的教学内容有何差异？

一、知识体系分析

（一）课标的"内容要求与学业要求"解读

1. 高中化学课标链接（表4-33）

表4-33　"乙烯"课标要求

内容要求	学业要求
知道乙烯分子是有空间结构的，以乙烯为例认识碳原子的成键特点，以乙烯为例认识有机化合物中官能团——碳碳双键	能辨识乙烯分子中的碳骨架和官能团。能概括常见乙烯分子中碳原子的成键类型。能描述乙烯的分子结构特征
认识乙烯的结构及其主要性质与应用，结合典型实例认识碳碳双键与乙烯性质的关系，知道氧化、加成、聚合等有机反应类型	能描述乙烯的主要化学性质及相应性质实验的现象，能书写相关的反应式，能利用乙烯的主要性质进行鉴别
知道合成新物质是有机化学研究价值的重要体现	能从乙烯及其性质的角度对有关能源、材料、饮食、健康等实际问题进行分析、讨论、评价

【思考】

（1）选择性必修课程模块3中乙烯的内容要求是"认识烯烃的组成和结构特点，比较烯烃和其他烃类有机物的组成、结构和性质的差异，了解在日常生活、有机合成、化工生产的重要作用"；学业要求"能写出乙烯的结构简式，列举物理性质，描述和分析乙烯的重要反应，能写出相应的反应式"。对比分析不同层次课程在乙烯教学目标和学业要求上的差异。

（2）如何基于内容要求和学业要求，确定乙烯内容的教学目标层次？

2. 解析

（1）必修课程的有机化合物教学目标整体要求不高。乙烯分子空间结构特点、官能团特点、乙烯的主要性质和应用都处于"认识"的水平，能记忆性复述出来即可。而乙烯性质中涉及的有机反应类型的要求更低。在核心内容上，强调大概念"结构决定性质"，在认识乙烯的结构特点、碳碳双键官能团的基础上，学习乙烯的主要性质及应用。

（2）在学业要求上，侧重对知识的表征和实际的应用，要求能书写乙烯化学性质的化学反应方程式，注重对化学知识的符号表征以及对符号所表示的宏观、微观意义的认识，并且

---

❶ 武衍杰，王秀红. 促进学生结构与性质整体理解的有机化学反应教学研究——以"再探乙烯与溴水的反应"为例［J］. 化学教学，2022（2）：42-47.

要求能利用乙烯化学性质进行鉴别，强调化学知识的实际应用。

（二）知识结构分析（图4-16）

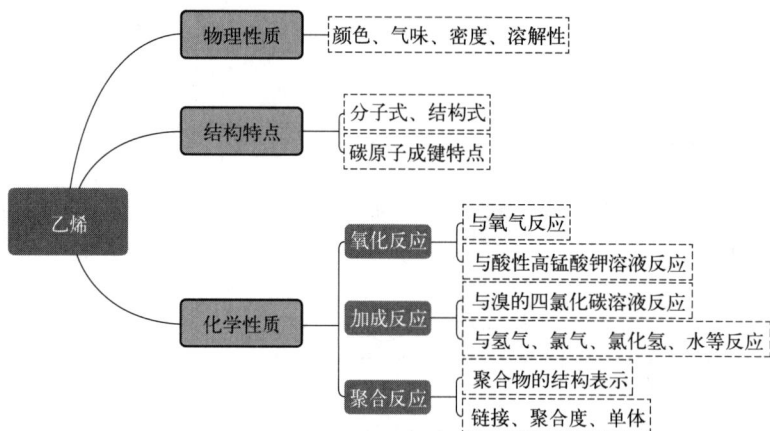

图4-16 "乙烯"知识结构图

（三）化学学科核心素养发展重点（表4-34）

表4-34 化学学科核心素养发展重点

化学学科核心素养发展重点	宏观辨识与微观探析	通过观察乙烯的物理状态和乙烯分子结构特征，了解乙烯的物理性质、体会乙烯中碳碳双键的结构特点
	科学探究与创新意识	通过探究对乙烯性质实验，学会运用多种方式收集证据，并基于证据概括乙烯的主要性质，养成独立思考，敢于质疑，勇于创新的科学精神
	科学态度与社会责任	了解聚乙烯制品在生活中的应用，感受到乙烯性质与用途的关系，体会乙烯在能源领域、材料领域的应用价值

（四）教学目标分析

1. 知识基础

在学习本节课之前，学生已经学习过以甲烷为代表的烷烃的结构特点和主要性质，了解了氧化、取代反应的类型，理解了有机物分子中碳原子的成键理论，初步认识了简单有机物研究思路（从元素—分子式—结构式—性质—实验探究—应用），对有机化合物"结构决定性质"的观念形成了初步的认识。因此，所需的基础知识有：①初步从组成和结构的角度认识烃类物质碳原子成键特点；②有机物分子有一定的空间结构；③有机化学反应基本类型知识。

2. 重难点

（1）重点：乙烯的结构特征；乙烯官能团与性质的关系。

（2）难点：根据碳碳双键的通性，从官能团的角度预测乙烯的性质，并能利用这些性质进行碳碳双键的鉴别。

3. 教学目标

（1）认识乙烯分子的空间结构，发展微观探析素养。

（2）能描述乙烯的物理和化学性质，认识乙烯的结构及其主要性质与应用的关系，形成

"结构决定性质"学科观念。

（3）通过探究乙烯与溴的四氯化碳溶液的加成反应，拓展对有机化学反应类型的认识。

（4）了解聚乙烯制品在生活中的应用，感受到乙烯性质与用途的关系，体会到乙烯在能源领域、材料领域的应用价值。

二、图片和栏目解析

（一）部分图片分析（表4-35）

【思考与讨论】分析"图7-10　乙烯与高锰酸钾反应"的图片类型、图片教学功能，据此提出你的教学策略。

表4-35　人教版"乙烯"部分图片解析

图片名称	图片类型	图片功能	知识点
图7-9　乙烯的分子结构模型	物质结构类	认识有机分子碳原子成键特点培养学生"宏观辨识与微观探析"素养	乙烯的分子结构特点：乙烯分子中有一个双键，各原子在同一平面内，且4个碳氢键相同，键角为120°
图7-11　乙烯与溴反应	实验类	直观展示乙烯能使溴的四氯化碳溶液褪色，帮助学生认识不饱和烃的性质特点	溴的四氯化碳溶液颜色；乙烯的加成反应
图7-12　聚乙烯的分子结构模型（局部）	物质结构类	烃类碳链结构特点，发展微观探析素养	聚乙烯结构，初步认识碳链特征

（二）部分栏目分析

1. 【数据——助读系统】

栏目功能：呈现乙烯的物理性质。

知识点：乙烯是一种无色、稍有气味的气体，密度比空气的略小，难溶于水。

教学策略：作为资料卡片引入，为学生学习乙烯的物理性质提供数据支撑。

2. 【实验——乙烯的氧化反应】

栏目功能：呈现乙烯与氧气、酸性高锰酸钾溶液的作用，帮助学生认识乙烯的氧化反应。

知识点：乙烯发生氧化反应；乙烯氧化反应时 $C=C$ 全部断裂，碳链断裂。

教学策略：

（1）对比甲烷和乙烯元素组成的异同，从元素守恒的角度预测乙烯燃烧产物，完善乙烯燃烧产物的实验设计。

（2）对比乙烯和甲烷结构上的差异，特别是乙烯双键的不稳定性，可以补充 $C—C$ 的键能347.7kJ/mol、$C=C$ 的键能615kJ/mol，分析乙烯双键容易断裂的原因。从元素价态变化角度预测乙烯和高锰酸钾反应的产物和实验现象：$5C_2H_2+12MnO_4^-+36H^+=12Mn^{2+}+10H_2O+10CO_2$。

3. 【实验——乙烯的加成反应】

栏目功能：该实验通过乙烯与溴的四氯化碳溶液的作用，帮助学生认识乙烯的加成反应。

知识点：乙烯与 Br_2/CCl_4 溶液发生加成反应；乙烯加成反应时双键中的其中一种键断裂，碳链没有断裂。

教学策略：

（1）从官能团 C═C 的共价键部分断裂、全部断裂的视角解析，提出问题：如果碳碳双键的其中一根键断裂，那么为了满足有机分子中碳原子的成键特点，如何才能形成 4 个共价键？

（2）对比加成反应和取代反应、氧化反应的异同（表 4-36）。

表 4-36　对比加成反应和取代反应、氧化反应的异同

反应类型（乙烯为例）	官能团/碳链	原子个数/种类变化	反应条件	反应方程式
加成反应	C═C 部分断裂，碳链不变			
取代反应	C—C 碳链不变			
氧化反应	C═C 断裂，碳链断裂			

4.【信息搜索——生长调节剂（乙烯）】

栏目功能：拓展学习内容的信息搜索方向及检索渠道。

知识点：乙烯作为植物生长调节剂的作用。

教学策略：作为课后活动，学生自主搜集资料，课堂小组汇报交流；开拓视野，体会乙烯在植物的用途，培养学生信息检索的能力。

三、教学策略

1. 整体知识呈现特点分析

从知识的呈现顺序特点：从乙烯的物理性质→结构特征→化学性质，其中化学性质包括与 $O_2/KMnO_4$ 溶液发生氧化反应、与 Br_2/CCl_4 溶液发生加成反应以及自身的加聚反应，并分析了聚合物的结构单元、链节、单体等相关知识。

从知识的拓展上看，加成反应的概念是不饱和碳原子与其他原子或原子团直接结合生成新化合物的反应，其中不饱和碳原子除了碳碳双键还有碳碳三键，教材中只列举了乙烯的加成反应，在学生的课后活动中，可以适当拓展到乙炔的加成反应，为选择性必修知识做铺垫。

从知识呈现形式上看，重点介绍了乙烯的化学性质以及不饱和烃的特征反应类型——加成反应；显性呈现乙烯的物理性质，并用侧边栏目（数据）来支撑；直接通过乙烯的球棍模型和空间填充模型来呈现乙烯的结构，其中暗含了乙烯分子中各原子在同一平面内，且 4 个碳氢键相同、键角为 120°等隐性知识点；在探究乙烯的化学性质中，利用实验 7-2、实验 7-3 栏目引入乙烯的氧化反应和加成反应，最后提出了加聚反应类型，并分析了聚合反应的特点及相应的结构单元，并以图 7-12 的形式呈现了聚乙烯的结构模型，最后利用信息搜索栏目，提出乙烯的用途，并通过让学生查阅资料、交流汇报的形式，让学生体会乙烯对生活及环境的作用。

2. 教学策略

（1）乙烯结构式。从乙烯分子式 C_2H_4 出发，搭建乙烯空间结构模型，对比乙烷在组成和结构上的差异，认识乙烯的平面结构与 C＝C 双键有关，深化对官能团的认识。

（2）乙烯的性质。引导分析官能团结构特点，预测物质性质（表4-37）。

表4-37　根据官能团结构特点预测物质性质

官能团	化学键断裂情况	以乙烯为例预测性质
C＝C	双键断裂，碳链断裂	
	双键部分断裂，碳链不断裂	
	双键不变，碳链不变	

四、微课示例：乙烯分子结构

【练一练】人教版高中化学必修教科书第二册第67页"乙烯是一种无色、稍有气味的气体，密度比空气的略小……碳碳双键使乙烯表现出较活泼的化学性质"。分析教材编写特点、化学知识体系框架图，试着根据教材分析结果设计教学过程。

（一）教材编写特点解读

（1）从教材知识的呈现顺序特点看：从乙烯的物理性质—组成—分子结构特征，初步形成基于"化学键影响分子空间结构"的认识有机化合物结构的观念。

（2）课标要求"知道乙烯分子是有空间结构的"，因此教材给出了乙烯的分子结构模型，但是没有进一步用文字对乙烯分子的空间结构做解读。因此，在教学中可不用对乙烯分子的空间结构做进一步解读。

（3）课标要求"以乙烯为例认识碳原子的成键特点"，教材中的文字描述乙烯"氢原子个数少于乙烷分子的氢原子数，碳原子价键没有全部被氢原子'饱和'"。怎么根据这句文本来分析乙烯中碳原子的成键特点呢？首先，核心的碳原子需要4个共价键来形成八隅体，这里增加电子式来解释可以更加容易理解；其次，有机化学上碳原子饱和的概念，不是指碳原子最外层8电子稳定结构，而是指碳原子存在4个共价单键，这是比较容易误会的知识点。

（4）教材指出"乙烯分子中含有碳碳双键，在组成和结构上与只含碳碳单键和碳氢键的烷烃有较大差异"，在这里我们设计教学时，可以采取甲烷与乙烯对比教学的形式，加深对碳碳双键的认识。

（二）知识结构（表4-38）

表4-38　"乙烯分子结构"知识结构

层次	维度			
	知识	能力	价值	素养
显性	乙烯的物理性质、乙烯的结构、碳碳双键	空间想象能力	结构决定性质	宏观辨识与微观探析

层次	维度			
	知识	能力	价值	素养
隐性	饱和烃和不饱和烃在组成和结构上的差异	模型制作能力	符号和微观结构一致思想	宏观辨识与微观探析

（三）教学重难点和教学目标

1. 教学目标

（1）认识乙烯的物理性质，发展宏观辨识能力。

（2）通过模型知道乙烯的分子结构，发展空间想象能力。

（3）通过对比乙烯和乙烷组成和结构，了解碳碳双键特点，发展"结构决定性质"观念。

2. 教学重难点

（1）重点：乙烯的物理性质、乙烯的结构式、碳碳双键。

（2）难点：碳碳双键。

3. 教法学法

（1）教法：问题解决法、多媒体展示法。

（2）学法：自主学习、合作学习。

（四）教学过程（表4-39）

表4-39 "乙烯分子结构"教学过程

学习任务	教师活动	学生活动	设计意图
环节1：情境导入，计算乙烯的分子式	【情境引入】①成熟香蕉会产生某种催熟其他香蕉的化学物质；②催熟香蕉的化学物质能与高锰酸钾溶液反应 【信息】经研究发现：成熟香蕉能释放出一种具有催熟效果的无色、稍有气味、难溶于水的气态有机物，该有机物在标准状况下密度为 1.25g/L，其中含碳 85.7%、含氢 14.3%（均为质量分数） 【问题】如何计算出气态有机物的分子式 【板书】气态有机物分子式的计算过程	小组讨论：催熟香蕉的是哪种物质 计算：气态有机物分子式 气态有机物分子式为：C_2H_4	创设水果催熟情境，激发探究欲，培养解决实际问题的意识 通过计算确定有机物分子式发展计算能力
环节2：宏观辨识，观察乙烯的物理性质	【实物呈现】装着乙烯的塑料瓶 【问题】请同学们观察瓶中气体和阅读相关资料，总结乙烯具有哪些物理性质 【引导】尝试从颜色、状态、气味、密度、溶解性等角度完善表格 【板书】乙烯的物理性质	观察瓶中气体，自主阅读资料，归纳总结乙烯的物理性质 填写有关乙烯的物理性质的表格	培养从不同角度来获取物质的物理性质信息、宏观辨识的能力

学习任务	教师活动	学生活动	设计意图
环节3：微观探析，辨别乙烯的结构特点	【引导】在上面我们已经观察到该气态有机物的物理性质，也计算出了其分子式 【问题】①该有机物属于烃类吗？②它是烷烃吗？依据是什么 【师生总结】①是烃类物质。②烷烃通式 C_nH_{2n+2}；碳原子数为2时，氢原子为数6，即乙烷：C_2H_6。所以不是烷烃 【任务】①书写乙烷的电子式、结构式、结构简式 　②尝试书写乙烯的电子式、结构式、结构简式，并说明理由 【引导】怎么证明你写的电子式、结构式、结构简式是正确的呢 【板书】乙烯的电子式、结构式、结构简式 【任务】动手组装搭建乙烯与乙烷的空间结构模型 【引导】请从C、H原子的相对位置的角度总结乙烯的结构特点 【师生总结】含碳碳双键的有机物中，与碳碳双键相连的原子，都在同一平面内 　有机化学上把含有一个碳碳双键的链烃称为烯烃。此烯烃含有两个碳，故称为乙烯	对比分析：写出乙烷和乙烯的结构式、电子式、结构简式，对比元素种类、原子个数、共价键类型 自我评价：碳原子要形成四对共用电子对才能达到8电子稳定结构，每个碳原子与两个氢原子形成两个共价键，则碳原子剩余的两个单电子要与另一个碳的两个单电子形成两对共用电子对，这样碳原子达到稳定结构 动手组装模型：观察乙烯结构模型，总结各原子的相对位置：乙烯分子中各原子在同一平面内，且4个碳氢键相同，键角为120°	培养从结构和组成上区分饱和烃和不饱和烃的能力，加深对烯烃官能团的认识 　建立搭建分子模型，理解 $C=C$ 双键对分子空间构型的影响，发展空间思维能力和模型认知素养
拓展	收集有关工业上、生活上乙烯应用的实例 　思考：乙烯的碳碳双键对决定了乙烯的性质有哪些不同于乙烷的地方	课后自主学习	自主学习能力

案例2　乙醇

一、知识体系分析

（一）课标的"内容要求与学业要求"解读

1. 高中化学课标链接（表4-40）

表4-40　"乙醇"课标要求

内容要求	学业要求
知道乙醇分子是有空间结构的，以乙醇为例认识碳原子的成键特点，以乙醇为例认识有机化合物中官能团——羟基	能辨识乙醇分子中的碳骨架和官能团。能概括乙醇分子中碳原子的成键类型。能描述乙醇的分子结构特征

内容要求	学业要求
认识乙醇的结构及其主要性质，结合典型实例认识羟基与乙醇性质的关系 知道有机化合物之间在一定条件下是可以转化的	能描述乙醇的主要性质及实验现象，能书写化学反应方程式，能利用乙醇的主要性质进行鉴别
认识乙醇的应用	能从乙醇及其性质的角度对有关能源、材料、饮食、健康等实际问题进行分析、讨论、评价

【思考】课标中对乙醇的主要性质没有明确的描述，对比分析人教版必修和选择性必修教材中乙醇性质、学习深度的差异，说说在教学中怎么体现乙醇知识的层次性？

2. 解析

（1）在内容要求上，强调"结构决定性质"和核心观念，要求掌握乙醇的分子结构特点，认识"羟基"官能团。教材给出了乙醇的官能团和分子结构模型，乙醇的性质包括乙醇的置换反应和氧化反应，列举乙醇在生活、医疗、工业上的用途。

（2）在学业要求上，侧重对知识的表征、官能团的应用，要求能书写乙醇与钠、乙醇发生催化氧化的化学反应方程式，注重对化学知识的符号表征以及对符号所表示的宏观、微观意义的认识；并且要求能利用乙醇化学性质进行鉴别，强调化学知识对于饮食、材料、健康等方面的实际生活应用。

（二）知识结构分析（图 4-17）

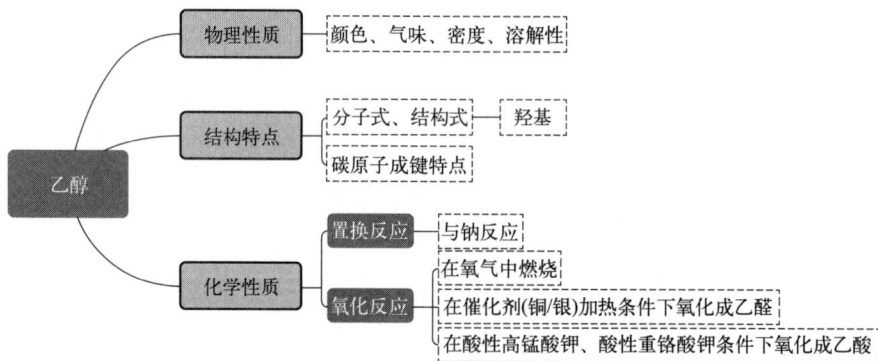

图 4-17 "乙醇"知识结构图

（三）教学目标分析

1. 知识基础

在学习本节课之前，学生已经学习过以甲烷为代表的烷烃的结构特点、乙烯的结构特点和主要性质，了解氧化、取代、加成反应的类型，也掌握了碳的成键理论，简单了解了简单有机物研究思路（从元素—分子式—结构式—性质—实验探究—应用），对有机化合物"结构决定性质"的观念形成了初步的认识。因此，所需的基础知识有：①有机化合物分子是有空间结构的。②能识别分子的球棍模型。③基于官能团的成键特征预测物质性质。

2. 重难点

（1）重点：乙醇分子结构特征；乙醇官能团结构与性质；"乙醇—乙醛—乙酸"的转化过程。

（2）难点：基于官能团决定性质，形成"结构决定性质"的观念；从官能团的角度预测物质的性质，并能利用这些性质进行物质的鉴别。

3. 教学目标

（1）知道乙醇分子的空间结构和官能团特点，发展空间想象能力。

（2）认识乙醇的主要性质，培养学生"结构决定性质"的化学观念。

（3）能利用乙醇与酸性高锰酸钾或重铬酸钾溶液反应进行乙醇的鉴别，培养学生根据物质特征鉴别物质的能力。

（4）了解乙醇在生活、医疗、工业中的应用，体会乙醇在生产生活中的应用价值。

二、图片和栏目解析

（一）部分图片分析（表4-41）

【思考与讨论】分析"图7-18 乙醇的分子结构模型"的图片类型、图片教学功能，据此提出你的教学策略。

表4-41 人教版"乙醇"部分图片解析

图片名称	图片类型	图片功能	知识点
图7-18 乙醇的分子结构模型	物质结构类	直观展示乙醇的结构，发展空间想象能力；避免相异构想产生	（1）乙醇的分子结构模型 （2）乙醇分子中的价键类型 （3）官能团—OH 的结构，共价键特点
图7-19 乙醇与钠反应	实验类	（1）乙醇与钠反应实验装置设计思路 （2）培养"宏观辨识与微观探析"素养	（1）乙醇与钠反应的实验现象、实验装置 （2）乙醇与钠、水与钠反应原理和装置设计的对比及原理 （3）乙醇中氢元素的检测方法
图7-20 乙醇的催化氧化	实验类	（1）乙醇在催化剂（铜）的作用下的实验装置设计思路 （2）发展并建构有机物转化的思路	（1）乙醇催化氧化的实验现象、实验装置 （2）有机物氧化反应的内涵之一——去氢 （3）有机物转化方法

（二）部分栏目分析

1. 【数据——助读系统】

栏目功能：呈现乙醇的物理性质。

知识点：乙醇的熔点、沸点和密度。

教学策略：

（1）对比分析乙烯、乙醇的熔沸点的数据，还可以补充与乙醇相对分子质量相近的丙烷的沸点（−42℃）；结合乙醇中的—OH，分析—O—H 键的极性；结合人教版必修第一册的"氢键"知识，带领学生认识乙醇的熔沸点比同样碳骨架的乙烯、相对分子质量相近的丙烷都要高得多的原因，形成"结构决定性质"的思想。

（2）有关数据中乙醇的密度与乙烯密度的差异，需要从乙醇中的—OH、分子间作用力（氢键）、分子空间构型的角度考虑，这些知识在现阶段超出了学生需要掌握的知识范围，可以不用深挖。

2. 【实验——乙醇与钠反应】

栏目功能：呈现乙醇与钠反应的现象，帮助学生宏观感知反应现象。

知识点：实验装置、实验注意事项、氢气的检纯和检验。

教学策略：

（1）结合 C、O 两种元素在元素周期表的位置、元素性质，分析乙醇中 C—H、C—O、O—H 几种键的极性强弱，发现 O—H 键极性最大，因此最容易断裂。由此发现，乙醇能表现出一定酸性特征。

（2）对比 H—O—H、C_2H_5—O—H 的分子结构，两者有着相同的—O—H 的官能团，氢氧键都能发生断裂，因此 H_2O 可以和钠发生置换反应，由此提出问题：乙醇能否和金属钠发生反应？如果发生反应，哪个反应更剧烈？

（3）—C—O—H 中的氧电负性很大，与 C、H 分别形成共价键后，共用电子对均偏向氧原子；烷基具有给电子效应，因此醇羟基中的氢原子的活性比水中的氢原子的活性低很多，所以乙醇与钠的反应比较温和，可以将乙醇和钠放置在试管中反应，这是乙醇和钠反应装置设计的原理。钠与水反应很剧烈，能瞬间放出大量的热，所以不能将水和钠的反应放在试管中进行。

（4）乙醇和钠反应的类型，是置换反应还是有机的取代反应？从反应机理看，甲烷的取代反应是按游离基来进行的，氯分子在光照作用下分解为氯原子，氯原子具有未成对的单电子，很活泼，它有获取一个电子形成八隅体的倾向，一经形成就能夺取甲烷中的氢，形成甲基游离基和 HCl，甲基游离基和 Cl_2 作用，生成氯甲烷。由此可见，乙醇和钠的反应存在电子转移，但是没有游离基生成，所以既是氧化还原反应，也是置换反应。需要注意取代反应和置换反应的条件。

【迁移与应用】请从乙醇中羟基官能团结构的角度，试着分析乙醇氧化成乙醛的原理（价键断裂的情况及理由）、实验装置设计理由，并据此提出教学策略。

3. 【资料卡片——乙醇与人体健康】

栏目功能：拓展学生有关乙醇的生活常识。

知识点：酒精度数的含义；乙醇在人体中的反应过程。

教学策略：

①展示不同酒类含量图片。

②自主阅读资料卡片。

③谈论乙醇在人体中的反应过程，形成健康饮酒的生活观念。

三、微课示例：乙醇分子结构

【练一练】人教版高中化学必修教科书第二册第 77 页"早在几千年前，人类就掌握了发酵法酿酒的技术……烃的衍生物与其母体化合物相比，其性质因分子中取代基的存在而不同"。分析教材编写特点、化学知识体系框架图，试着根据教材分析结果设计教学过程。

（一）教材编写特点解读

（1）从知识的呈现顺序特点看，教材从乙醇的物理性质、结构特征，提出烃的衍生物概念；在教学过程中，也要注意从结构出发，逐步引入烃的衍生物的概念。

（2）教材给出了烃的衍生物的概念，对于该概念教学，可以列举常见的卤代烃和陌生的有机化合物，判断是否为烃的衍生物，加深学生对烃的衍生物的认识。

（二）知识结构（表4-42）

表4-42　"乙醇分子结构"知识结构

层次	维度			
	知识	能力	价值	素养
显性	乙醇的物理性质、乙醇的结构、烃的衍生物概念	空间想象能力	有机分子具有一定的空间结构	模型认知、宏观辨识与微观探析
隐性	乙醇官能团与物理性质的影响	对比分析能力	结构决定性质观念	科学探究意识

（三）教学重难点和教学目标

1. 教学重难点

（1）重点：乙醇的物理性质、乙醇的结构、烃的衍生物的概念。

（2）难点：乙醇中化学键类型对物理性质的影响。

2. 教学目标

（1）认识乙醇的物理性质，提升宏观辨识和归纳能力。

（2）观察并建构乙醇的分子空间结构模型，发展学生空间想象能力。

（3）能识别常见醇类物质，培养学生有机化合物的分类观。

（4）通过对比分析乙醇的熔沸点，学生形成"结构决定性质"的学科观念。

3. 教法学法

（1）教法：讨论交流、启发式教学法、问题解决法。

（2）学法：自主学习、合作学习。

（四）教学过程（表4-43）

表4-43　"乙醇分子结构"教学过程

学习任务	教师活动	学生活动	设计意图
创设情境，感知乙醇的物理性质	展示乙醇液体、各种含有酒精的饮料和调味品（图片或实物）用观察的方法，你能从中得到酒精的哪些物理性质	活动：观察酒精在通常条件下呈液态、可溶于水、易挥发、有香味	创设生活场景，激发学生兴趣。培养学生的观察能力、归纳能力

续表

学习任务	教师活动	学生活动	设计意图
微观探析，辨别乙醇的结构特点	问题：突出医用酒精标识上的乙醇分子结构，请根据乙醇的化学式、前面学习过的碳原子饱和等知识，根据老师提供的球、棍，自行探究组装乙醇分子结构模型 【展示】乙醇的比例模型和球棍模型。要求学生以小组为单位纠正乙醇结构模型 【分析】从乙醇的分子结构不难看出：乙醇分子既可以看成是乙烷分子中氢原子被水分子中羟基（—OH）取代，又可看成是水分子中氢原子被乙基（—C₂H₅）取代。因此，乙醇中含有的官能团是—OH 定义：烃的衍生物……	小组活动1：自主建构乙醇分子结构模型。 小组活动2：自我评价乙醇分子模型建构，分析得出在乙醇分子中存在—C₂H₅和—OH基团。 活动3：对比 H₂O 分子中存在—OH，分析得出：在 C₂H₆ 中存在—OH，根据分子模型画出化学乙醇的结构式和电子式 阅读教材：烃的衍生物	用问题激发学生对乙醇分子结构探究的兴趣，培养其探究能力；加深学生对乙醇分子结构中既有有机碳链结构（—C₂H₅）又有—OH 原子团的认识
醇羟基官能团特点	对比分析下表：你认为是什么原因导致的乙醇熔沸点与其他物质的差异 表格 问题1：乙醇和乙烯、烷烃在结构上有何不同 问题2：—O—H 键的极性如何？在哪里学过类似的结构 总结：氧原子吸引共用电子对能力强，乙醇分子间存在氢键，因此乙醇比具有同样碳链或者相对分子质量相近的有机分子的熔沸点都要高	观察数据分析：乙醇与乙烯、乙烷的碳链相同，都有 2 个碳原子，乙醇的熔沸点均高于乙烯和乙烷；乙醇和丙烷的相对分子质量相近，乙醇的熔沸点仍然高于乙烷 对比：乙醇、烷烃、乙烯官能团的差异 分析：水、乙醇中都有—O—H 键，提出氢键对水的熔沸点的影响，类似地，水分子间存在氢键，乙醇分子间也存在氢键，因此乙醇的熔沸点高于其他几种物质的熔沸点	关注—O—H 键的结构特点，形成结构决定性质的观念
迁移应用	问题1：一氯甲烷、二氯甲烷是烃的衍生物吗？若是，请说明你判断的依据 问题2：分析乙醇分子中存在哪些化学键？推测发生化学反应时，乙醇分子中的哪些化学键可能发生断裂	活动1：分析回答，一氯甲烷、二氯甲烷是烃的衍生物 活动2：讨论、交流；在乙醇分子中存在 C—O 键、O—H 键、C—H 键	深化对烃的衍生物的辨别；从化学键的角度初步预测乙醇化学反应断键的位置，为学习其他化学反应奠定基础

表格（"醇羟基官能团特点"栏内）：

物质（相对分子质量）	熔点/℃	沸点/℃
乙醇（46）	−117	78.5
乙烯（28）	−169	−104
乙烷（30）	−172	−88
丙烷（44）	−1877	−42.1

说明：1. 表中乙烯、乙醇熔沸点的数据来源于人教版高中化学必修第二册教材（2019 年版）的第 67、第 77 页；

2. 表中乙烷、丙烷的熔沸点数据来源于高等教育出版社的《有机化学》（1979 年版，2005 年印刷）的第 22 页。